What's happening
to our
girls

揭开青春叛逆的真相

我们的女孩
怎么了

〔澳〕玛吉·汉密尔顿　著

李孟洁　李　潇　译

北京出版集团公司

北京出版社

著作权合同登记号

图字：01-2013-0226

What's happening to our girls?

Text Copyright © Maggie Hamilton, 2008

First Published 2008

First published in Australia in the English language by Penguin Group (Australia)

Copyright © Chinese translation, Beijing Publishing House 2016

© 2016中文版专有权属于北京出版集团公司，未经书面许可，不得翻印或以任何形式和方法使用本书中的任何内容和图片。封底凡无企鹅防伪标识者均属未经授权之非法版本。

图书在版编目（CIP）数据

我们的女孩怎么了：揭开青春叛逆的真相／（澳）汉密尔顿著；李孟洁，李潇译. — 北京：北京出版社，2016.3

书名原文：What's happening to our girls?

ISBN 978-7-200-10745-6

Ⅰ.①我… Ⅱ.①汉… ②李… ③李… Ⅲ.①女性—青春期—健康教育 Ⅳ.①G479

中国版本图书馆CIP数据核字（2015）第232132号

我们的女孩怎么了
揭开青春叛逆的真相
WOMEN DE NÜHAI ZENME LE
［澳］玛吉·汉密尔顿　著
李孟洁　李　潇　译

＊

北 京 出 版 集 团 公 司
北 京 出 版 社　出版

（北京北三环中路6号）
邮政编码：100120

网　　址：www.bph.com.cn
北京出版集团公司总发行
新 华 书 店 经 销
北京画中画印刷有限公司印刷

＊

787毫米×1092毫米　16开本　14.5印张　130千字
2016年3月第1版　2016年3月第1次印刷

ISBN 978-7-200-10745-6
定　价：38.00元
质量监督电话：010-58572393

　　短短几十年间，女孩们的生活发生了改变。这种改变发生在她们人生中的每个角落里，同时也为她们带来了种种自由，而这些自由正是以往的女孩们梦寐以求的。生活中的各个方面都发生了闪电般的变化，女孩们就处在这种变化的前沿位置上。与此同时，一种新的、微妙的力量正在兴起，逐渐威胁到女孩们所取得的成果。如今，一个7岁的女孩所面对的，与一个12岁的女孩在5年前所经历的完全不同，这也是大人觉得自己很难理解现在的女孩们生活状况的原因。

　　本书中的某些资料之所以令人震惊，是因为多数成年人在成长过程中从未经历过。当我们讨论"女孩们"所面临的问题时，往往认为这些问题只会发生在青春期女孩们的身上，殊不知，这种假设恰恰忽视了年龄较小的女孩，而她们更易受到伤害。

　　鉴于广告商已经将目光投向婴儿，本书将从小女婴讲起。广告商们知道，6个月大的婴儿已经能记住商标的样子，而从两岁开始，他们生活中的商标字符将真正转化为产品销量。商家们把小女婴纳入消费者阵营，过早地将她们定格为目标市场，从而给她们的兴趣志向、身体形象和自我感知带来了极大的负面影响。

　　我们年幼的女孩们在一天天长大，她们将大量时间花费在网络和电视机前，这些媒介播放的往往是经过包装的产品广告。通常情况下，电视机又是以温和而具鼓动性的人际互动为主，这可是对早期大脑发育产生刺激的重要因素。对小女婴而言，这种商业活动会降低她们的想象力和对周围世界的好奇心。因此，她们失去了享受无忧无虑童年的机会，摇身一变成为称职的小小消费者。原因很简单，女孩越早沉迷于购物，商家可获得的利润就越多。

同样，媒体和通俗文化中呈现的"性化现象"也给女童们造成了影响，这种影响日益改变着学龄前儿童的说话和行为方式。随着孩子们一天天长大，自我意识也会逐渐受到影响，女孩子不免会热衷于个人形象、衣服和首饰。一旦如此，对外在的关注难免会投射到生活的各个方面，从交友圈到购物时间，再到穿着打扮和玩具用品。广告商们在这方面的确非常成功，连5岁的小女孩都能分辨出自己的常用品牌。更有甚者，小女孩的友谊就建立在各自拥有的品牌上。

夫妻关系破裂、工作时间加长、家庭流动性增强以及缺乏交流都可能导致一个家庭支离破碎；再加上不断崛起的媒体和新兴科技，这些因素都在不断迫使我们的女孩去接触超越自身年龄的事物。事实上，一些曾经只会出现在成人世界、主宰着成人生活的东西，现在已经成为孩子们生活中的一部分。为什么女孩们年纪轻轻就打破了性的界限？为什么色情书刊对她们有如此大的吸引力？又是为什么性传播疾病在青少年中急剧增长？答案就在这里。

过去，孩子们从成人身上汲取经验；现在，通俗文化和新兴科技使得成人也童心未泯，一代与一代之间缺乏清晰的界限。结果，儿童——特别是女童——认为父母不关心自己，孤独感就此油然而生。正是这种孤独感告诉女孩，她们必须紧紧抓住同伴，只有朋友才会一直不变地陪着自己。

我们生活在一个超前的世界里，并为此感到自豪。尽管如此，新兴一代女孩一天天成长，她们的一些经历却给成人带来不安与紧张感，　些人甚至对此感到绝望。在我们踌躇不前的同时，女孩们的弱势地位没有得到改善。对我个人而言，则希望能更多地了解她们，正是这种想法促使我花了两年的时间来观察她们的生活。

为了达到真正了解她们的目的，我让自己融入青少年流行文化，并积极采集全球市场的最新趋势。我对女孩们进行采访，然后进行定性调查与研究。在本书中，我尽可能地引用了当事人的原话和想法，力求更为直观地再现女孩们的心声。除了收集100多位女孩的故事，我还采纳了诸多专家的观察结论，而后又花费数月时间上网搜寻资料，潜伏在聊天室和论坛上进行观察。从本书展现的聊天内容可以看出，如今的孩子到底在关注什么，又对什么感兴趣。文中涉及的话题绝非个人臆造，作为作者，我所做的仅仅是进行观察和总结。

与此同时，我一方面积极同主流思想家和实践家们靠拢，另一方面采访了一些消费者、儿童心理专家、法律和医务工作者、学校辅导员，还有从幼儿园到高中的各级教师以及儿童与青少年健康研究专家们，并对他们的观点进行搜集整理。鉴于澳洲本地的案例分析和数据难以收集，本书中更多地采用了相关的海外数据。

在一对一的聊天开始时，孩子们非常谨慎，只能通过"你问我答"的模式进行谈话。然而，随着交流的加深，她们原本有些紧张的心情逐渐放松下来，开始打开心扉，跟我分享自己的生活。我没有直接询问她们自身是否发生过与性、酒精、毒品、饮食失调或自残有关的行为，而是对她们女性朋友在这方面的经历进行了解，这种方式非常奏效，女孩们毫无保留地给我描述了眼中的世界。然而在聊天过程中，有一件事一直困扰着我：无论这些女孩们来自哪种背景，她们对问题的回答和看法都极其相似！为了弄清原因，我花了不少时间去探究。结果发现，这在很大程度上是受到了通俗文化的影响，它才是名副其实的"超级"家长。

在努力了解女孩生活的同时，我也没有忽视男孩所面临的问题。《男人不愿说的话》（*What Men Don't Talk About*）一书对男孩面临的挑战进行了详细描述。尽管如此，我们仍不能停止前进的步伐，仍需收集相关资料进行深入研究，这样才能更好地帮助他们。事实上，无论是对男孩还是女孩进行研究，其研究结果完全可以相互借鉴、互相启发。

本书不仅论述了女孩们亟待解决的问题以及问题背后的不利影响，同时对婴幼儿身上存在的隐患予以说明，借此突出早期教育的重要性。然而，我在调查后发现，家长们普遍对早教工作感到无能为力。但我相信，一旦他们对女儿的境况有所了解，一定能快速做出反应并积极投入到早教工作中。

如今，女孩们已经拥有了更加广泛的自由，但我们要做的还有很多，切忌让自满蒙蔽双眼，看不到养育她们面临的挑战。只有全方位地了解与保护孩子，才能让她们茁壮成长。

我们稚嫩的女孩出生在这个充满选择的华丽世界上。在这个世界上，女性可以拥有自己的住所和事业，可以选择自己的朋友和伙伴，也可以发表自己的观点和见解。因此，同以往的任何一代相比，现今的女孩们有更多的机会接触金钱、事业、旅行、教育以及科技。然而，她们所面临的挑战，也是前所未有的。如今，就7岁大的小女孩而言，她的世界已经同五六年前的同龄女孩有所差异，这也是为何我们给孩子们提供的指导不再有效，为何孩子们希望大人了解她们目前所处的境况。

现在，女孩们面临的挑战，是以往任何时代的女孩从未遇到过的。

话虽如此，我们稚嫩的女孩们到底在期待着什么？为何而担忧？又在抗争什么？为什么她们更关心同伴的看法？是什么使得她们深陷对名牌服装、成熟形象的追求中难以自拔？为什么她们对购物乐此不疲？为什么如此多的女孩被"外面"的世界所吸引？又是为什么她们动不动就情绪低落，自残、饮食失调以及酗酒事件频频发生？

我们的女孩到底怎么了？

从小女婴出生的那刻起，诸多美妙的机会就向她们招手。面对小生命的降临，家长的反应无疑会影响女孩对自身世界的感受。当然，小女孩自身对世界的认识能力也不容小觑。从大人对自己的言语方式和拥抱方式，从玩具和衣物，以及从自身的接触环境中，小女孩会形成自己对世界的印象。值得注意的是，同男婴相比，刚出生几小时的小女婴对周围人的面孔更感兴趣。

　　大多数家长对宝宝的需要非常敏感，他们用心喂养女儿，关心孩子的相貌、衣着、玩具、床上用品，以及房间的设计和颜色。但通常情况下，家长在这些方面对小男孩就不那么关注了，他们认为小女孩应该得到更多的照顾和保护。

　　女婴长到6个月大的时候，就开始学习表达基本情绪，她们已经能够精确地分辨出周围人对自己的反应。

　　有钱的家长可能会给女儿配备高档婴儿车和定制服装。如今，婴儿精品店鳞次栉比，有的店为"早熟的孩子"提供服装，有的店为"独具眼光和潮流意识"的孩子专业定制，美丽的衣服令人目不暇接。更高级的还有Gucci、Dior、DKNY和其他顶级品牌，确保女孩们无时无刻不表现精致。

　　女婴长到4个月大的时候，对周围人的感知变得明显，已经能够分辨出生人和熟人的照片。6个月大的孩子就开始学习如何表达基本的情绪，通过观察父母和保姆的反应，小女婴会对自己的行为做出相应的调整。

　　在当今世界，作为未来的消费者，婴儿是最具针对性的目标人群……幼稚的思想尚未受到过多影响，对广告商来说，这是极具价值的精神财产。

　　　　　　　　　　　　　　　　——道格拉斯·洛西克夫，通俗文化专家

　　6个月大的婴儿同样能够发出简单的声音，记住包括企业商标在内的大量图像。此时，小女婴正处在成长的关键阶段。广告商们意识到并利用了这一点，努力吸引她的注意。因此，对于孩子早期接触的商品数量，她最先识别的不是别的，而是某个品牌的名字，这样的例子并不少见。通俗文化专家道格拉斯·洛西克夫认为："婴儿幼稚的思想尚未受到过多影响，对广告商来说，这是极具价值的精神财产。"现实正是如此。

从小女孩睁开双眼，开始视物的那刻起，她就正式加入了消费大军。

——苏珊·格里高利·托马斯，《宝宝买买买》的作者

☆ 宝宝眼中的商标

父母给幼小的女儿选择衣服时，他们更倾向于给宝宝购买一两件印着趣味字符的名牌T恤、围嘴或尿布。营销专家马克尼尔研究发现，婴儿在凝视自己滴下的口水时，她其实知道自己在做什么。因此，商标字母被极具目的性地印在婴儿衣服上，当她流口水时，这些字母自然会映入眼帘，然后她会将字母当作自己世界的一部分。如果父母没有注意到这些，那么这个小女孩就会因为"口水效应"而步入消费者大军了。在消费的世界里，人永远没有满足的时候；在这个世界里，小女孩的自尊感来自于她拥有什么，而不是她是谁。

这种早期的产品植入出现得恰逢其时，在这个时候，小女婴还不知道自己与周围的世界是分离的，她只是世界里的一个个体。她同样不知道，双手和双脚只是身体的一部分，而不是有趣的玩具。这样一来，除非父母想让商家们给孩子形成早期印象，否则小婴儿们很难对衣物、玩具、游戏、食物和电视节目上的品牌产生任何看法。

很大程度上，婴儿18个月大时，她们能说出来的实物词里有10%是品牌名。到了两岁左右，她们就会开始要求父母给自己购买这些品牌

商品。

——詹姆斯·马可尼尔，营销专家

☆ 聪明宝贝

如今，女孩们有机会得到更多东西，许多父母认为他们有责任给予孩子一个更好的开端。他们给孩子购买专为6个月及更大婴儿设计的《小小爱因斯坦》DVD，想要激发孩子的潜在天赋。一旦小女孩对这些节目表现出兴趣，家长马上就去购买各种各样的与《小小爱因斯坦》有关的玩具、书籍、游戏和玩偶。这样一来，小女孩就会很自然地成为婴儿电视的一员，这种模式已经屡见不鲜。

孩子被电视节目吸引，但这并不意味着她真正喜欢电视节目的内容或是能从中获益。

仅仅因为孩子被电视节目吸引，就给她买这些东西，但这并不意味着她真正喜欢电视节目的内容或是能从中获益。正因为如此，美国儿科协会早在1999年就力劝家长们避免让两岁以下儿童观看电视，声称电视节目会阻碍早期大脑的发育。无论电视节目或DVD视频如何益智，它们都无法取代婴儿所需的互动效应，正是这种互动效应让婴儿得以发展社会技能、丰富情绪表达，然后理解周围的世界。如果这种互动效应缺失，婴儿就没有可以获取这种技能的其他途径。举个例子，男性和女性扮演的角色不同，日常行为不同，喜好和厌恶的东西不同，对孩子的期望也不同。如果孩子能意识到这一点，就会进而得出结论：爸爸和妈妈是不同的，其他不同性别的人也彼此存在差异。

此外，专家们的担忧不只如此。众所周知，玩耍是童年所经历的必不可少的一部分。孩子们在玩耍过程中会意识到，无论做什么事情都需要集中注意力。同样，玩耍也有助于儿童的内在心理的发展，比如增强对事物的渴望心理。当一个小女孩玩耍时，她会一边咿呀学语，一边将自己的想法和经验结合在一起。然而，电视阻碍了孩子在这方面的发展。

家长们坚信电视节目有助于孩子学习，这也是他们允许婴幼儿看电视的一个原因。尽管婴幼儿很快就能识别儿童节目和实际生活中的彩色商标，这并不等同于他们能够很好地认识自我和世界。研究表明，孩子通过电视掌握一个简单任务所需的时间，是通过父母演示学会的时间的两倍长。此外，婴儿和蹒跚学步的儿童看电视时，很难从中得知触觉、嗅觉和味觉之间的微小差别，以及某个人或物是如何同其他人或物联系，但这些在孩子的成长中起到了至关重要的作用。

研究还表明，即使婴幼儿看的是最简单的故事情节，他们也无法抓住事件的发生顺序，只能通过一系列的视觉刺激感受到。要知道，这样稚嫩的孩子，只能从零星的片段学起，这就需要父母和他们一起，帮助他们理解周围的一切。

生活压力之大，以至于家长希望能将宝宝交给电视和DVD来获得片刻的喘息时间，我们对此丝毫不感到意外。再加上家长希望给孩子一个良好的开端，这就不难解释电视和DVD越来越多地出现在婴幼儿世界的原因了。美国的一项研究表明，在1岁以下的儿童中，几乎每5个孩子的卧室中就放有1台电视机，43%的两岁以下儿童每天都要看电视。但他们收看的电视节目中，几乎有一半并非专为幼儿设定。

小女孩不是每天都需要娱乐和刺激，她们更需要时间和空间来认识自我以及周围的世界。如果没有时间全心全意地去玩耍，她们就很难得到发展。研究还表明，小孩在电视上花的时间越多，患注意力障碍的风险也越大，等到7岁的时候患病率甚至能达到10%。这些发现都不容小觑，明智的家长会努力去营造"零电视"环境，或者将看电视作为偶尔的活动。家中有电视的家长则需要密切控制看电视的时间以及内容，确保孩子不会受到影响。事实上，几乎没有孩子能够避免电视的诱惑。

想要孩子健康成长，家长肩上的担子和压力不言而喻，很多家长怀疑自己是否有能力做好父母一职。很多年轻家长认为，如果自己不能让孩子享受全方位的服务和产品，孩子一定会感到失望。现实并非如此，早教专家们再三强调，家长能否放松自我，取决于是否与孩子进行良好的交流活动。早教教育家玛戈特·罗伯茨是这样解释的："研究显示，神经通路会在最恰当的时候开始生长。什么是最恰当的时候？就是家长坐下来凝视孩子，轻轻抚摸他美妙的肌肤，为他唱歌，和他说话的时候。"罗伯茨同时也是3个孩子的母亲，她认为："这绝不是浪费时间，而是在为儿童健康发展打好基础，这也是良好教养的一部分。"

专家还鼓励年轻的父母珍惜同女儿相处的时光，做几个简单的游戏，让小婴儿活动小手和脚丫；摇摇拨浪鼓，或是在洗澡的时候，让小婴儿体验水的感觉，这些方法的效果非常理想而且极具可行性。此外，在孩子面前摇晃能吱吱作响的玩具，然后在左右两侧来回晃动，帮助她辨认发声位置。让孩子用手、脚、脸蛋和肚子去感觉不同的玩具，鼓励她去感受不同质地玩具的差异。收集一些能够吸引孩子注意力的音乐旋律，描述小动物一起玩耍的欢乐场景并鼓励孩子进行想象。对家长而言，其实有一堆寓教于乐、富有想象力的方法帮助小女孩开启世界之门。

简单就是关键。

千金宝贝

很多情况下，年轻家长总是会被赫然出现的电视节目和婴幼儿用品吸引，反而无法意识到孩子更喜欢和他们待在一起。商家试图让家长相信：如果不给小孩购买玩具、游戏机和新衣服，就是在剥夺孩子生活中最基本的东西。早期教育专家对这种说法提出反对，他们认为物质商品无法代替关爱和人际交流，而这两样才是人类赖以生存的东西。有些家长过于注重给孩子提供物质商品，实际上是在把商品的价值附加于孩子身上，导致孩子长大后认为，如果没有名牌衣物和商品衬托，自己根本什么也不是。

但这并不意味着小女孩不能拥有儿童玩具或游戏，只是说家长要对孩子进行限制，避免让玩具和游戏机阻碍孩子的健康成长。要做到这点并不容易——商业产品铺天盖地，两岁的孩子就能够辨认出自己最喜欢的商标并让家长知道自己的渴望。可悲的是，婴幼儿认识那么多商店里的人工产品，却对自然界的东西知之甚少。铺天盖地的玩具在刺激儿童需求的同时，也剥夺了他们的想象力。儿童早期发展专家提醒家长"简单就是关键"，孩子在纸板箱、毛绒玩具、积木、瓶瓶罐罐和其他常见物体中也能得到游戏的乐趣。

专为婴幼儿设计的商品之所以具有吸引力，原因在于商家采纳了市场调研机构的建议，知道孩子在每个发展阶段会对什么产生兴趣并做出

反应。这样一来，商家就获得了详细的信息资源，掌握了他们梦寐以求的动画形象和故事情节。然后根据得到的反馈，从选择卡通人物的颜色和质地，到存储货物的方式，从而设计自己的商标和产品。

> 婴幼儿跟父母相处的时间远远不及接触广告和品牌的时间。因此，广告是孩子增加词汇的重要来源，也是促使孩子记住品牌名称的主要因素。
>
> ——马丁·林德斯隆，营销专家

对大多数小女孩而言，喜欢上芝麻街（幼儿教育电视节目）、摇摆小精灵或是其他形式的儿童娱乐只是迟早的事，紧随其后的是一系列相关书籍、光碟、品牌玩具和衣物，家长其实非常欢迎这种"商品盛宴"，他们很高兴能拥有几个小时的空闲时光。事实上，婴幼儿产品大量出产都是相对近期的事情，《天线宝宝》节目及其衍生商品的大获成功，吸引了相当一批针对儿童的市场营销。在此之前，商家一直将目光放在学龄儿童身上。继《天线宝宝》之后，一切都在改变，商家在发现婴幼儿也存在预期利润后，很快就制定策略，试图分一杯羹。某些公司发展最快的零售部门就是婴儿用品店。

我有个朋友在营销部门工作，对她而言，发布新型儿童商标和形象才是最痛苦的事情。事实上，她对研发新产品有着极大的热情，在制订相关推销计划方面也极其出色。按道理她应当为自己的挣钱能力欣喜若狂，然而恰恰相反，她越来越反感在开会时将婴幼儿们称为"消费者"。她说："当我们把孩子机械地划归为目标市场时，我们本身也在退化。"

商家们在很短的时间内就从婴儿和儿童身上赚取了大量金钱。据说，摇摆小精灵仅仅用了一年的时间就创造了4500万美元的利润。现在，小精灵专营店从西班牙开到中国的台湾，还在西非几内亚黄金海岸和美国建造了主题公园，未来还将有更多发展。又如，儿童品牌"香蕉兄弟"已经发展到70个国家里，有望吸引1亿名儿童；同时，"小建筑师巴布"已经在全球范围内创下了20亿的销售业绩。此外，迪斯尼在2001年以2000万美元的代价收购的"小小爱因斯坦"，其身价如今已经达到2亿美元左右。一两个产品异军突起非但无害而且有趣，但大批名牌汹涌而至则足以引发人们深思。

"小建筑师巴布"以及恐龙多萝西之类的产品引发了这一切，并永无休止之日，一旦孩子在小时候开始接触它们，就会一直用下去。

——詹森·克拉克，工作思维集团创始人

☆ 是娱乐还是广告？

随着小女孩的成长，市场营销会愈演愈烈。越来越多的学龄前儿童正在收看植入了产品广告的电视节目。商家对这种现象喜闻乐见，因为电视节目里出现的人物形象也可以出现在书本、玩具、鞋子、衣服、游戏以及糖果食物的包装上。小女孩对"被推销"没有概念，从而沉迷于品牌效应。这远远背离了德国数学家施泰纳的方法（施泰纳善于培养学生的想象力），例如当洋娃娃的脸蛋没有特点时，小姑娘可以通过自己的想象来创造属于自己的洋娃娃。

一旦这些商品进入孩子的生活，就会成为他们小小世界的一部分。这种潜移默化式的品牌植入，将慢慢对小姑娘们产生影响，甚至影响她们未来的生活和动向。家长则很难意识到这一点，他们所做的往往只是强化孩子的品牌思维。"我在超市的饮品区购物时，听到一位妈妈询问孩子喜欢哪种饮料。她并没有问孩子想要橙汁还是其他口味，只是问她们想喝小建筑师巴布还是芭比。"阿黛尔指出，她同时是两个孩子的母亲。

正如詹森·克拉克所说，"在商品开始入侵孩子的世界之前，家长们就已经放任孩子在商品的海洋中浸染。这样一来，早在孩子睁开双眼的那一刻起，映入眼帘的莫过于各种五颜六色、不断增加的字母和商标，这些字符都经过科学设计，足以让孩子眼花缭乱、兴奋不已。'小建筑师巴布'以及恐龙多萝西之类的产品引发了这一切，并永无休止之日，一旦孩子在小时候开始接触它们，就会一直用下去。"如果家长想保护孩子，就应该选择那些不与品牌挂钩的动画，不去接触那些存在衍生玩具的电视节目和电影。

一个小女孩到底能接受多少品牌？在美国进行的一项划时代的研究中，研究人员给3~6岁的儿童展示了一些商标，其中包括知名香烟品牌。实验结果表明，尽管香烟广告是针对成年人的，但1/3的儿童能够将该品牌的商标和香烟的图片正确对应，9/10的6岁儿童能毫无困难地将产品和商标相连接。滑稽的是，在1991年公布研究结果后，广告事业取得了长足发展，可以说正是受到了该项研究的启发。

如今，我们的女孩生活在一个充满了娱乐和刺激的商品世界里。在她们开始读写或能够独立做出决定之前，生活中就已经充斥着各种品牌玩具、衣物、食物和电视节目。由于缺乏研究资料，我们还不知道这究竟会对年幼的女孩造成什么影响。抑或，除了旁观等待之外，我们可以准备收复部分失地、掌握主动权，在合适的时间里使用相应的教育方式。

早期儿童教育家玛戈特·罗伯茨再三强调，让启蒙教育保持简单极其重要。她不断提醒家长，与其买《小小莫扎特》《幼儿体操》和其他音频制品，不如让幼儿听听父母的声音，给宝宝念念书或唱唱歌要比看电视或DVD有效得多。摇篮曲、童谣和随口哼出的歌曲都能吸引宝宝，让宝宝在柔和的环境中学习。"鼓励孩子不断重复词汇、锻炼记忆力、有重点地学习和娱乐，"玛戈特建议，"家长可以学会手指游戏，吸引幼儿的注意力并让他们参与其中。还可以通过数数、记单词、合作游戏来锻炼孩子。"年轻家长们的确很忙碌，如果他们能放下一些工作，多给自己和孩子一些空间，对亲子关系和孩子的成长都将大有益处。

被掠夺和侵蚀的童年时光

　　小女孩一天天长大，在接触玩具、衣物、书本、饰品、日常对话、户外广告牌、杂志、电视和网络的过程中，她们越来越明白自己应该做什么以及周围人对自己的期望。这种意识萌发的时候，正值小女孩年幼，处于生命中的一个敏感时期，即自我意识开始形成的阶段。实际上，就是她开始要求穿粉色衣服并爱上芭比娃娃的时候。

　　时至今日，芭比娃娃在小女孩的生活中占据了极为重要的地位。直到最近，芭比娃娃才将市场锁定在6~8岁的女孩身上。然而我们的观察结果是，很多家长不断地给还在蹒跚学步的幼儿购买芭比。事实上，即使是婴幼儿，如果过多地接触芭比，她们也会注意到芭比的外貌和标志。这样一来，芭比出现得越频繁，对小姑娘的吸引力就越大，这也是芭比销量已经达到每秒3个的原因所在。

　　现在，芭比系列已经牢牢占据了玩具市场，拥有不可动摇的地位。可以说，我们年幼的女孩已经成为芭比世界里的芭比娃娃。芭比同样有自己的虚拟世界，小姑娘可以登录BarbieGirls.com，创建并装扮自己的芭比阿凡达（网络形象），装饰专属的芭比屋，通过玩游戏来赚取芭比金币，还能观看喜欢的芭比影视和产品。现在还有非常吸引小女孩的芭比粉红系列，为她们提供独一无二的芭比娃娃和音乐。然而遗憾的是，芭比和其他虚拟人物在给小女孩们带来乐趣的同时，却很难让她们正视自己并真正地长大成熟，甚至让她们觉得自己外形难看、很不可爱，甚至有些不正常。

☆ 当玩耍超过限度

某些时候，玩具的意义仅限于玩耍；但有些时候，玩具对小女孩施加的影响却与理想状况背道而驰。几乎是在顷刻之间，市场营销就将目标放在了小女孩身上。商家们无疑具有很好的判断力，这也让他们旗下的产品供不应求。最近，英国特易购连锁超市的一种玩具引发了人们的强烈抗议，原因在于该玩具号称要"解开性感的束缚"。可笑的是，这种玩具正是受到了脱衣舞文化的启发——孩子们玩在线游戏时，还能同时观看DVD、欣赏性感吊袜——真让人大跌眼镜。

她们是如此稚嫩，又是如此天真，她们应该做小孩子做的事情，但现在看来，家长和媒介深深地影响了孩子。

——密西，15岁

还有一种名叫"电子美容"的新玩具，玩具装有内置摄像头，可以同电视机相连接。这种产品提供了50多种发型可供选择，还配备有美妆和首饰，女孩们可以"体验不同美妆、发型和衣饰的酷炫效果"，还能够"和朋友一起拍大头贴"。在近期播放的一个电视节目上，几个小女孩试玩了这种玩具，结果非常惊人——她们画着厚厚的眼影和不合时宜的红唇，这使得她们看起来更像是不良女孩，远远超出了装扮游戏的尺度。毫无疑问，小姑娘很憧憬成年女性的世界，但在当今世界，这种渴望已经脱离自然发展的过程，并受到人为操作的影响，被价格标签牢牢捆绑。

年轻女孩热爱自由，喜欢无拘无束地肆意玩耍，几乎没有人会注意到这种现象。只有商家们借机大发横财，掠夺了姑娘们的童年时光。15

岁的密西认为："她们是如此稚嫩，又是如此天真，她们应该做小孩子做的事情，但现在看来，家长和媒介深深地影响了孩子。"

我们为小女儿选择的玩具、电视节目和衣物，在很大程度上表明了我们对女孩和成人的看法，包括她们的外表和举止，以及应有的志向。

或许，对小女孩而言，最具争议的玩具莫过于贝兹娃娃，她们穿着网眼袜、紧腿裤、露脐装，佩戴紧箍项链，拥有夸张的嘴唇和胸部。MGA娱乐公司在2001年发布了这一产品，此后数以百万计的玩具被销往世界各地。一次，我跟一名幼儿教师聊天，在谈到学龄前儿童和贝兹娃娃的话题时，她表示贝兹娃娃已经改变了小女孩的游戏方式。"她们不再玩过家家，不再关心自己的洋娃娃，不再'养育'自己的娃娃，"她告诉我，"在玩贝兹娃娃的同时，小女孩自己变成了贝兹。"

许多儿童健康专家对此表示担忧，在接触这些玩具和媒介的同时，小女孩越来越多地用一种肤浅和性化的眼光去认识自我，认识周围的世界。事实上，她们都还很稚嫩，很难对自己的经历做出判断。如此一来，误解就变成了信念，不该就变成了应该。

另一名幼儿教师指出，小女孩的说话方式也在改变，她们在日常生活中使用过多的性语言。这名老师还注意到，她们在与小男孩们接触时具有更强的性别意识。"她们更加意识到男孩与女孩的两性差异，这是以往没有的。有些幼儿园的厕所是男女共用，如果你仔细留意就会发现，小孩很喜欢观察彼此。"一些妈妈也发现了类似问题，即使是3岁大的孩子，竟然也会使用性语言和行为，这些令家长极其担忧。

这种状况愈演愈烈，一名幼儿教师指出，"与以往相比，如今的孩子有更多的亲吻行为。我的小女儿只有3岁，上周她走向一名小男孩，抓住他的手亲吻他。这种举动近来出现了很多次，事实上她并不知道自己在做什么。我都无法想象她在正式上学后会发展成什么样。"这位幼儿教师还发现，有哥哥姐姐的小女孩往往能做出更多的性化行为。

青春期问题正在提前发生，一些小女孩早在3岁或4岁就有了潮流意识。

——黛布拉，社区联络官，两个女孩的母亲

尽管人们越来越关注女孩成人化问题，但如果不了解细节问题，就无法体会到家长的紧张和焦虑。一位母亲告诉我，她的小孩在从日托所回来的路上跟朋友讨论"性"；另一位家长则表示，自己的孩子在进入幼儿园后，就发生了舌吻事件。

多数情况下，儿童并不知道自己在说什么或做什么，但这些行为产生的影响足以让小女孩把自己看作性客体，甚至从这种角度来看待世界。

尽管许多家长都对孩子身上发生的事情深切担忧，但他们常常遮遮掩掩，不想表现出自己的担心。广告商们对此喜闻乐见，他们也不愿意看到家长采取行动。如果家长保持沉默，广告商们自然可以为所欲为。

我们为女童选择的玩具、电视节目和衣物，在很大程度上表明了我们对女孩和成人的看法，包括她们的外表和举止，以及应有的志向。从很小的时候开始，小女孩就渴望能了解这个世界。因此，作为成人的我们，是时候进行反思了，想想我们究竟想给孩子什么，以及如何才能更好地向孩子传递积极的想法和价值观。家长的目光不能仅仅局限于孩子喜欢哪种儿童节目，而是应该更多地了解节目背景、电视内容以及图像。与此同时，家长们应当密切关注这些事物带来的影响，确保孩子有一个丰富多彩的童年，而不是被性与购物所掌控。

过度关注外表的颜值竞赛

　　小女孩长到两岁左右的时候，就开始关注镜子里的自己。她们一天天地长大，很快就开始崇拜电视、广告、杂志、商品手册以及电影荧幕上美丽迷人的女性形象，然后用不了多久就会将魅力、爱和成功相提并论。这样一来，哈佛大学心理学家南茜·埃特考夫说的"美者生存"就开始有了市场。

　　这种对外表的关心使得小女孩开始担心外表，很少有放松自己、开心玩耍的时候，这种担心甚至能从各个方面体现出来。"新年伊始，我们班几乎没有什么庆祝活动，所有的女孩都在讨论自己要在派对上穿什么衣服，以及做什么样的装扮。"一位幼儿教师如是说，"除了这些，她们不想讨论别的，真令人难以置信。"时尚到底要往哪个方向发展？另一位老师表达了自己的担忧："小女孩越发将心思放在外貌上，夏天的时候，她们喜欢穿小背心和露背装。要知道，这可不是小孩子该穿的，15岁的姑娘才可以这么穿。"

　　有些女孩虽然年龄尚小，却已经光芒万丈、靓丽迷人，拉姆西就是其中一员——仔细打理过的头发，浓密的假睫毛，光泽迷人的嘴唇——她短暂人生中的大部分时间都在演出休息室里度过。当她在家中被残忍杀害后，全世界都为之震惊。在探究凶手之余，拉姆西短暂而悲剧的人生也引起了人们的深思：她到底有过怎样的童年？为何她的童年时光转瞬即逝、如此短暂？

我小时候学过好几种爵士乐，但现在你去音乐厅看到的，却是一些5岁小孩在跳着低俗不堪的舞蹈，这实在是糟透了，太让人恶心了。

——密西，15岁

美国举办的儿童选美大赛中，小女孩们续了长长的头发，穿着假皮草和包括泳装在内的各种奇装异服。当然，这种比赛与大多数小女孩的真实生活相去甚远，但随着孩子们童年时光迅速缩短，女孩们从很小的时候就知道，自己必须要变得美丽，要讨人喜欢，要受到大家的欢迎。她们很早就开始接触电视、DVD、商品广告。这样一来，早在上学之前她们就接收到这些东西传递出的信息。"我觉得一切事情都在提前发生，"一位幼儿教师告诉我，"她们还在上幼儿园，但穿着风格却远远大过真实年龄，每个人都在关心自己的外貌，想要变得时尚。"

或许有些家长认为把孩子打扮成迷你版的成人很有趣，但小女孩终归不是成人，她们没有成人的外形。许多家长认为，小姑娘们正在缺失一些童年应有的东西，例如很难享受到自然带来的快乐。现在，随着情况进一步恶化，家长们的不满也越来越多。"塔尼亚总是和她妈妈去商店，"一位幼教吐露道，"她涂着指甲油，佩戴手链脚链，总是提着小包，还在夏天穿着又轻又薄的比基尼。我很不喜欢塔尼亚的这些变化，她只有3岁，但她的妈妈觉得这一切棒极了。"诸如此类的事情还有很多。

☆ 我的化妆品哪去了？

如今，小女孩不仅喜欢穿大人衣服，甚至在很小的时候就能拥有自己的专属化妆品——许多化妆品品牌就将目标锁定在7岁女孩的身上。大量7岁以下儿童会使用化妆品，她们还在网上注册网站，在这些网站

上装扮洋娃娃或对自己的照片进行处理，画睫毛、涂眼影、抹口红、敷腮红，一步不落。

美国Hotsie Totsie公司就为7~14岁的女孩提供化妆品，包括泡泡糖口味的唇膏和香味指甲油等。尽管这一业务尚未在各地展开，这却是一个风向标，指明了市场的未来走向。商业杂志称其"绝对是开展新业务的切入点"，有的品牌甚至推出了唇彩项链，方便女孩们外出携带。

商家对此进行炒作，表明这个商机的确极富吸引力。"许多女孩热衷于'枫糖小屋'的风格，这些商品很受那些爱玩又喜欢甜食的女孩的欢迎。这种风格模仿了糖果商店的元素，使女孩沉迷其中。这些商品包括旋涡甜香棒棒糖、太妃糖唇彩，以及五彩多层口红。"

太早关注外貌，结果让孩子变成了称职的小小消费者。

——珍·基尔伯恩，作家兼制片人

☆ 是谁让孩子开始使用化妆品？

对大多不愿遏制孩子发展的家长而言，是否让孩子使用化妆品实在是个难以抉择的问题。或许，当家长知道红唇和粉颊会使女孩看起来更具"性"吸引力时，问题的答案就会变得简单。当女性有性需求时，她们的瞳孔会放大，使得眼睛看起来比较突出。其实，眼妆的目的就是凸显这一效果。

我无法认可小女孩穿胸罩以及化妆。我小时候只穿我该穿的衣服，现在的女孩们成熟得太早了。

——莎拉，17岁

是否化妆，这并不能使小女孩们看起来像大人，男性对小女孩是否可以化妆持有不同观点。此外，一个关键问题在于小小孩是否能够坦然面对投注于身上的目光？当我同十几岁女孩谈论有关小小孩化妆的问题时，她们毫无保留地表达了自己的看法。她们觉得，孩子们的童年受到威胁，小女孩们无法处理面前的状况。"一旦小女孩们开始化妆，她们就会产生自我意识，就会越来越丧失自信。小孩子做事情不需要想太多，不需要人们时时刻刻把目光放在自己身上。"14岁的桑迪说道。

让小女孩"性化"一点也不好，她还只是个孩子。太早接触这些会影响她们的发展，比如对性和其他一些东西变得迟钝。

——惠特尼，18岁

18岁的阿兰娜也有同感："小姑娘正在缺失一些童年本应有的东西。她们不在外面开心玩耍，而是躲在家中化妆、染睫毛，她们的世界里只剩下电脑和电视，所有东西都在那里，而且她们对这种状态习以为常。"17岁的基兰对这种趋势强烈反对："8岁就开始化妆实在是太荒谬了，她们只是个孩子。绝不能这样！我可是直到高中才开始化妆的。"

消费者心理学家安贝非常了解广告宣传，呼吁家长尽早采取干预措施，防止女儿过早成熟。"要跟孩子沟通，告诉她们杂志和电视上的人物一点也不真实，也不是她们应该崇拜的对象；告诉她们，广告商给这些名人和模特很多钱，然后让她们摆出这种姿势；还要告诉她们，广告商认为这些造型很好看，但这绝对不是人们的普遍看法。"家长应当积极采取这些保护女儿童年的做法。此外，还需要慎重决定是否该在家里使用电视。父母应当尽量让孩子在一个更为放松的环境中成长，而不是让孩子沉溺于消费和购物，如此才能让女儿的未来有更多期待，更多精彩。

外表上的关注越多，内心的不安就越多

　　小姑娘们年纪尚幼，稚嫩的她们还很难对自己形成强烈的认知，因此外表上的关注越多，她们心里的不安就越多。如今，小女孩才刚刚开始学校生活，形体问题就极大地影响了她们的生活。在一项针对5~8岁小女孩的调查中，超过1/4的5岁小女孩希望自己更瘦一点。调查还显示，71%的7岁小女孩相信，只有苗条的体态才能让自己受到欢迎。还有不到一半的小姑娘希望比目前更瘦，并表示如果体重继续增加会考虑节食。

　　如今，小女孩们一天天长大，她们在能读会写之前就开始担心自己的外貌体形，成人对此又该如何应对？首先，快餐和垃圾食品行业不断发展扩大，孩子们每年在这类食物上的花费可以达到数百万美元。据统计，只有不到20%的快餐店提供优质玩具。食品饮料商们则花大价钱与电影公司打通关系，试图让自己的产品打入市场。

　　在一项针对5~8岁小女孩的调查中，超过1/4的5岁小女孩希望自己更瘦一点。

　　近年来，针对儿童的包装食品和加工食品市场竞争激烈，对新鲜食物的需求则有所下降。为了吸引孩子们不断光顾，快餐店在食物中大肆使用盐和调料。同时，快餐业催生了一批尖端的高科技行业，对快餐的味道和口感进行精细处理，确保这些食物令人难以抗拒。弗林德斯大学副教授伊丽莎白·汉德斯勒警告称，"我们生活在一个媒体发达的世界里，孩子们从小受到媒体的影响，这种影响使他在方方面面脱离了真实生活，包括食物，"她还指出，"什么是食物，人体真正需要哪种食物？现在，孩子们喜欢吃市场上销售的食品，而把这两个问题抛之脑后。"

如何让女孩们关注食物问题？家长可以采取的方法其实很多。例如，忙碌的家长也应当腾出时间，跟家人吃顿晚餐，让孩子参与做饭，给她们的生活增添实质内容。健康的食物能够滋养身心，是人生和生活中极其重要的一部分。如果女孩们的购物欲很强，何不教会她们购买新鲜的食物，比如怎样挑选西瓜和橙子，以及该买什么样的水果和蔬菜。为什么不和她们分享蜜桃、青豆或樱桃所带来的快乐心情？何不鼓励她们亲手在阳台或花园种下一些蔬菜或植物？这些行为看似简单，却能让小姑娘们融入自己现实生活的世界里，所带来的好处是快餐食品难以媲美的。

☆ 想象力退化

如果说包装食品存在问题，那么快速增长的"打包娱乐"则给小女孩造成了更大的伤害。教育家们发现，小孩子的想象力和好奇心在不断减弱——如果她们没有在短时间内领略到某个玩具或游戏的乐点所在，就会因此失去兴趣。这让商家非常头疼，因为他们不得不更加努力才能吸引小女孩的注意。"曾经，孩子们富有创造力，她们是幻想世界的主宰，"营销大师马丁·林斯特龙说道，"然而这种情况已经一去不复返，孩子们现在连房门都不出。"如果孩子们不再想象，那么无聊就会席卷而来，生活中再没有什么特别的事能够吸引她们。

孩子们习惯和"超级"玩具玩耍，已经忘记如何才能让自己快乐。

——鲍勃·贝克尔

　　传统的创造性玩具也未能脱离"想象力缺乏"这一桎梏，例如，乐高积木减少了常规形状积木的数量，转而增加特定形状积木的数目。过去，乐高积木的一个特点在于孩子可以用积木搭配出任何自己想要的造型，帮助孩子尽情挥洒想象力，做想象世界的主宰。然而如今，孩子们大多只想完成盒子上给出的现有的造型，他们只关心自己是否能再现这些造型。此后，乐高同卢卡斯电影公司展开合作，推出了一项新业务——给孩子们提供现成的故事。事实上，这项业务在很大程度上剥夺了孩子们的想象力。孩子们手上有这么多"打包好"的故事，他们需要做的，不再是展开畅想，创造自己的故事，仅仅是重复已有的情节。

　　幼儿园老师已经注意到，小女孩们玩的游戏也有所变化。一位老师表示，"从玩的游戏来看，孩子们的想象力正在消失，玩的游戏也是从别处复制而来。当然，也有些小女孩在玩自创的游戏，这表明事情还有转机。"想象力缺失会危害到小女孩解决问题的能力，让她们很难意识到自己还有其他的选择。

　　孩子们在不知不觉间就养成了对着屏幕久坐不动的习惯。曾经，他们无拘无束；如今，他们两耳不闻窗外事，痴迷于电子产品，喜欢通过屏幕了解一切。

——苏珊·格林菲尔德，神经学家

　　小女孩不再玩自己发明的游戏，不仅如此，她们越来越沉浸在电脑游戏、电视节目和DVD中，希望能拥有更多针对自身的产品。然而，这些产品不仅消减了小姑娘的创造性表达，还减少了她们增加人生阅历的机会。加里·格罗斯教授曾写过一本吸引读者眼球的玩具发展史，他认为新兴一代的卧室里充斥着太多快餐店和电影院的赠品玩具。

家长的态度其实才是关键所在：忽视现实乃至过于松懈是造成问题越来越严重的关键因素。想成为称职的家长着实不易，但如果自己都不去管教女儿，谁还能承担起这个责任？"孩子们在不知不觉间就养成了对着屏幕久坐不动的习惯，"著名神经学家苏珊·格林菲尔德对家长们提出警告，"曾经，他们无拘无束；如今，他们两耳不闻窗外事，痴迷于电子产品，喜欢通过屏幕了解一切。"

孩子们正在遭受情绪的虐待，他们喜欢被动获得，而不是主动投入。

——梅，幼儿园老师

女孩们一天天长大，她们需要参与社区活动，需要与不同年龄、各种各样的人来往；她们也需要独处的时间，需要亲身体验大自然，呼吸外面的新鲜空气。儿童早期发展专家玛戈特·罗伯茨建议，家长可以给孩子提供一些创造性活动，例如将一个房间或是房间的一角开辟成"迷你乐园"；从老人那里找些有趣的旧玩意儿，编些故事，进行角色扮演；把纸板盒想象成火车或是小房子；还可以准备个小桌子做做手工，旧生日卡片、彩带、邮票和信封都能派上用场，再找一个安静的角落方便孩子读书或是做智力游戏。

罗伯茨并不建议给孩子买太多玩具，她鼓励家长收走2/3的玩具，然后每隔一段时间拿出来替换现有的玩具即可。即使家长工作再忙，也能轻松掌握这种方法，这也有助于激发孩子的想象力，帮助小姑娘们健康成长。

热衷于购物和快餐食品的"吞世代"[1]

　　8~12岁的女孩子正处于走出童年，向青少年过渡的阶段。最近，商家们给这个年龄段的孩子起了一个名字，称之为"吞世代"。广告商们喜欢"吞世代"女孩，因为她们就是金钱的代名词。这个年龄段的女孩往往缺乏自信，最容易受到外界影响或者听取他人的建议。对她们来说，最重要的事情莫过于能否被同伴接纳，她们会花大工夫来确保自己不被同伴排挤或是为难。一旦进入"吞世代"阶段，女孩们的生活就会变得忙碌，甚至有调查显示，一半的孩子认为自己要做的事情多如牛毛。

　　我喜欢时尚潮流。我有一件时尚的T恤，它的领子和袖子款式属于时尚潮流那种，它还有一朵花形图案，我喜欢给它搭配一件小短裙，再穿双黑色的凉拖。

——尼娜，7岁

　　对大多数"吞世代"而言，青少年阶段不是一时半会就能顺利过渡的。就目前而言，她们需要做的是准备好走出小女孩时代。9岁的瓦内

1　吞世代(Tweens)，是2003年美国人马丁林·斯特龙在《人小钱大吞世代》一书中提出的概念，是指8~14岁具有消费能力的少年。这个词由teens和ween组成，前者指青少年，后者的原意为weenbopper，用来形容穿着时髦，迷恋音乐的小孩。——译者注

萨这样告诉我："我这个年龄的女孩喜欢和朋友出去玩，她们会仔细考虑自己要穿什么和买什么。"她们对网络、杂志和肥皂剧驾轻就熟，与前代人相比，此时的她们能够驾驭更多的成年人语言，能够更加清楚地感知到这个世界。"吞世代"的孩子能够用更加敏锐的眼光，发现极富吸引力的影像，而且这些影像只能在脑海里映射，往往无法用言语进行描述。

☆ 热衷于购物

如果说有一件事是"吞世代"极为热衷的，那就莫过于购物了。6岁的丽贝卡这样描述："我喜欢买东西，非常喜欢！我的生活基本上就是购物。"小女孩在杂志、电视和电影上的广告宣传里浸染数年，她们对时尚、食物和音乐耳熟能详。"吞世代"知道自己想要什么，她们被美丽迷人的商品吸引，喜欢闪闪发光、色彩艳丽的东西。

在这个年龄段里，她们开始疯狂地追星。玛丽·凯特、阿什利·奥森、克里斯汀娜·阿奎莱拉、娜塔莉·波特曼、帕丽斯·希尔顿和碧昂丝这些名字成为"吞世代"孩子生活中不可或缺的一部分。女孩关注关于偶像的消息，注意她们的穿着和活动，关心她们的私生活进展。这些消息大多来自青少年杂志，主要出现在女性杂志的青少年版面里。

我爱购物。我喜欢买紧身牛仔裤和背心之类的衣服和东西。我们差不多两周逛一次街，在商店里来来回回地逛，几小时就这样过去了。

——梅丽莎，10岁

"吞世代"孩子同样热衷于快餐食品。市场调查公司罗伊·摩根的调查显示，在填写调查表的当月里，有4/5的孩子吃过快餐，还有不到1/3的孩子每周都要吃。除此之外，巧克力也成了必备之物，孩子们每

周要花8个小时看电视，7个小时玩DVD以及看录像。

她们最喜欢的电视剧是《辛普森一家》，越来越多的孩子在打包娱乐和消费中度过了假期，女孩们的注意力已经被衣服、首饰、化妆品和珠宝所吸引。

我迫切地感到，我们应该防止小女孩迷失自我。她们正在错过，甚至失去自己的童年时光。

——佩塔，16岁

许多精通市场营销的专家表示很不喜欢针对孩子的营销。"现在的孩子要面对的是，来自媒体和广告的巨大冲击和压力。无论他们往哪儿走，总会遇到来自电视、广播、杂志、货架、公交和网站的广告轰炸。到处都充斥着广告，孩子们无路可去，对此我感到非常担心。"一位曾供职于儿童和青少年营销咨询公司的经理表示："我为名牌厂商调研7~17岁的消费者群体，并做定性分析。在这一岗位上，我必须跟随年轻顾客的消费趋向，为消费者全球化铺路。"

然而，当这位专家再回首时，她不禁为自己的高效工作而震惊。"我从未意识到我的调查会有这么大的影响。我曾给一家主流巧克力品牌做过调查，结果给他们带来了100万美元的促销收益。现在，这个品牌成了国内最成功的甜品商家。我为什么要辞职呢？因为从那个时候，我就开始担心这个工作会损害孩子的自我认同感，以及给家长带来的消费压力。我在2000年辞职并转向教师行业，我从来没有后悔过这次转型。如今，走在超市里，看着两边的儿童产品，发现自己极其憎恶广告公司对孩子灌输的'性化'意识和'金钱'主义。同时，我也对有些家长自称'负责'，实则将孩子作为'摇钱树'的行径感到十分悲哀。淳朴而负责的时代究竟到哪儿去了？"

不计其数的广告汹涌而来，目标直指儿童群体，即使是最警醒的家长也难以严守阵线。对这个年龄的女孩来说，购物就是生活的一部分。7岁小女孩仙黛儿说："我一般先去首饰店，我喜欢买项链、手链和小吊坠。去逛服装店时，我会戴一条条纹围巾，穿上有猫头鹰图案的牛仔裤（夏天就穿牛仔短裤）和写着'我爱罗克希'的T恤，因为我喜欢'罗克希'这个牌子。"精明的商家让孩子养成了这种消费取向和模式。有说法认为，房间装饰是"吞世代"未来消费的另一个领域。家长们需要反思的是，这种投入到底是在丰富女儿的生活，还是在培养消费"能手"。

☆ 小小消费者

女孩们从四五岁就开始购买，等到了七八岁的时候，她们就已经是老练的消费者了。在这个阶段，女孩们开始用自己的方法做决定，开始在闲暇时间跟随爸妈一起逛购物中心，这让她们很容易成为广告商的目标。据估计，女孩们给商业增加了40亿美元的收益，促使家庭消费提高了300亿美元。这个消费结果并非无中生有，整个主流广告机构都在想方设法要接触到这个年轻的消费群体，因为她们是如此的"值钱"。

孩子们已经形成了一种强大的市场力量，显示了极大的市场购买力。

——克里斯·威尔逊，西门子市场分析家

女孩们在看电视、读杂志、逛商场和吃快餐时，总是不可避免地成为推销目标，商家们用各种手段轻易地就收集到了她们的信息，并以个人广告的方式施加影响，但家长们很少会注意到这些。营销者对这个年

龄段的女孩的心理状态了如指掌，很容易就能得到所需要的目标信息。"播种"产品，从而达到推销目的，可以说是商家获得大批"吞世代"消费者的常用手法之一。一旦学校里最有人气的女孩子穿了某公司出品的最新服装，或是使用某公司的最新产品，即使不去宣传，她的朋友们自然会紧随其后，争相效仿。

尽管家长很久以后才会意识到正在发生的事情，女孩却知道自身正在发生的迅速改变。"小时候，我总是穿着一件又大又宽的T恤，搭配一条牛仔裤，就像超市卖的那种，"18岁的阿兰娜回忆道，"现在你要是那么穿，一定会被孤立，受到大家嘲笑。我妹妹就是这样，她喜欢所有的名牌，这点让我很反感，但我也不知道为什么世界变得这么快。"其实，跟我谈话的每个女孩都有类似感慨。

"时尚席卷了一切。我的小女儿只有8岁，她拒绝穿她姐姐穿过的衣服，但却能接受朋友的衣服，因为她认为自己和朋友更贴近时尚。"阿黛尔坦言道，她是两个孩子的母亲。女孩们并没有发觉自己已经受到广告商的控制，因为她们过于渴望长大成人。9岁的瓦内萨在跟我聊天时表示，她这个年龄最棒的事情就是有更多的成熟款衣服可以选择。"你可以穿以前不能穿的衣服，这样，你离时尚就更进一步。"

女孩们可以通过各种渠道获得不计其数的信息，帮助自己选择最"酷"的样式，她们也乐于在这上面花费时间，但从事实上说，这不会给她们的成长带来什么好处。受市场驱动，孩子们需要担心的永远不是"我的人生需要这个还是那个"，而是"接下来该买什么"。社会学家谢里·特尔克，她同时也是新科技影响研究方面的专家，对"文化过度刺激"表示担忧，"如今，快速消费、商业广告、持续变化并激发欲望的媒体环境极度泛滥，但我们对这些因素将带来的影响知之甚少。"

通常情况下，家长们认为上网对孩子而言是一种学习方式，但它成为一种使用越来越广泛的购物手段。

——凯瑟琳·蒙哥马利，媒体教学中心

时至今日，公司机构有充足的方法来跟孩子直接接触，通过各种策略吸引她们的注意。对"吞世代"而言，电脑上的"广告游戏"无疑是一个推广产品的行之有效的方法，一些不乐意看杂志或电视广告的女孩，也可以通过玩游戏接收产品信息。更有甚者，有些商家还会伪造青少年网站来吸引目标市场，这样一来，女孩们总能"瞥到"新产品。还有些营销人员进入网络聊天室，伪装成青少年，然后向女孩介绍自己的产品。这种方法非常有效，因为孩子们喜欢接受新事物。

"吞世代"对广告有着异乎寻常的兴趣，但她们没有意识到自己到底在关注什么，同时很难用批判的眼光看待广告。对她们而言，广告更像是指引她们变酷的方向牌。女孩小时候主要表现为"想要"某些产品，但当她们长大一点后，就会觉得自己"需要"某些东西，因为她们更想得到同伴的认可。这也是为什么小女孩喜欢对杂志和商品目录进行仔细研究，她们只不过是想确定自己走在"正轨"上。

如果以"千人成本"为衡量标准，"吞世代"市场应该是最便宜的消费群体之一。

——大卫·西格尔，《伟大的"吞世代"购物机器：
抓住"吞世代"亿万美元商机》的作者

☆ 网购世界

女孩们一天天长大，购物压力也与日俱增。近段时间以来，有很多针对少年群体的网购平台异军突起，其中最受欢迎的当属"明星派"

网站Stardoll.com。曾有数据统计，每个月访问该网站的女孩有600万之多。"明星派"有400多个名人娃娃可供选择，女孩们可以免费给娃娃穿衣、设计和打扮，这些娃娃囊括了所有当红明星的面容。当然，如果女孩想要拥有自己外貌的定制娃娃，她们就要通过手机、信用卡或是在线支付平台进行付费。女孩们还可以为娃娃投票，选出明星派虚拟时尚杂志的封面娃娃。一旦获胜可就不是小事，她的在线人气将会急剧飙升。

对极其关注外表和搭配的女孩来说，在拥有虚拟"自己"的同时，又拥有吸引大批在线网友的机会，这的确非常有吸引力。像这样能够装扮娃娃的网站层出不穷，女孩们可以亲手在"换装库"（DressUp Games）网站上制作各式各样的主题娃娃，比如哥特式娃娃、小萝莉、小阿飞以及摇滚娃娃。这些网站上有迪斯尼、王薇薇（Vera Wang）、盖普（Gap）和其他网站的链接，她们可以直接进行网购。因此，家长一定要关注孩子经常访问的网站，抵制那些经过伪装的购物网站。

与其他消费群体相比，"吞世代"女孩具有更大的消费潜力，她们的购物欲是如此旺盛。

——詹姆斯·麦克尼尔，市场营销专家

时间推移到两三年前，所有人都未能预测到网络世界能够发展得如此之快。人们在现阶段担心的是，这种充斥着衣服和首饰的娱乐活动可能会使女孩们脱离日常生活。例如，一些女孩不再关注自然界，甚至对大自然的面貌胆战心惊。理查德·鲁夫在《丛林里的最后一个孩子》（Last Child in the Woods）一书中讲述了孩子们如今的生活，以及试图扭转这种无知与恐慌的各种团体、城市规划者和教育家们所做的努力。尽管女孩们无须特意在户外花费时间，或是跟自然界建立某种联系，但她们无疑需要接触自然。如果不去接触并了解自然，女孩们就不太可能爱护或是珍视我们的地球。对自然界的无知导致了恐惧，恐惧则会导致毁灭行为。

做做户外运动好处多多，当然这也取决于家长们的引导方式。很多孩子在户外运动时不慎骨折。有医生对此提出建议，认为孩子的骨头已经没有以前坚硬，单一的在外玩耍、散步和跑步很难让她们获得应有的力量。

小小"磨人精"——缠着家长买品牌

仅靠运气很难成事，商家在向孩子推销产品时，可谓做足了准备工作。他们甚至对孩子缠着父母买东西的方式进行了仔细研究，以期增加销量。他们知道，女孩们准备了各式各样的理由，希望说动工作繁忙的父母给自己买东西。儿童营销专家谢丽尔·爱戴这样解释："公司必须在广告里列出孩子不得不买（该产品）的所有理由，而且要用孩子能够表达出来的语言。"更有甚者，有些公司教导女孩们如何存钱，如何买东西。我经常访问的一个网站就鼓励她们创造自己的愿望清单，然后发给朋友或是家人，甚至打印出来带到商店里。令人欣慰的是，近来这种情况已经有所减少。

名牌效应——令人狂热……我们在街上走着走着，她就会说："那是香奈儿，那是路易威登，那是范思哲。"

——米歇尔，6岁孩子的母亲

被称为"青少年时尚发源地"的阿贝克隆比·费奇服装公司是第一家以青少年为目标市场的时尚品牌公司，公司最成功的决定之一，就是让很酷的青少年出现在商品目录上，产生广告效应。该营销策略的成功之处在于，阿贝克隆比·费奇公司塑造出了自己需要的青少年形象。该公司还强调商品目录的价值，并要求消费者为此付费。这种

"必备之物"已经演变成了一种目录杂志，即杂志和商品目录的综合出版物。

对12岁以下的孩子进行广告营销存在很大的道德伦理问题，如果从心理和神经方面研究这个年龄的孩子，你会发现他们其实是把广告当作信息和娱乐资源，而不是以批判的眼光看待广告。

——阿曼莎·因贝尔，消费者心理研究者

如今，个性化营销手段层出不穷，更加复杂，家长们必须更加警醒，关注女孩们身上发生的事情。现在，消费者还可以同广告进行互动，女孩可以上传自己的照片，让一些上镜的照片出现在广告里，然后可以把这些广告照片发给朋友，或是贴在自己的网站上。女孩们还能收到配备个性化音乐、文字、视频、动画和图像的广告。对广告商而言，让消费者参与其中无疑是个绝佳的营销范式。

☆ 家长的消费观潜移默化地影响着孩子

尽管广告的影响不可小觑，但促使女孩们消费的可不仅仅是广告，家长的消费观也起到了不可忽视的作用。正如我们前面讲到的，远在孩子们认字读书之前，她们就已经将目光投放在儿童商品册子上，即使是看电视也会被无穷的广告荼毒。之后，大多数女孩在长大还"未成人"的时候，就陷入了"血拼到底"的文化氛围。正如7岁的尼娜所说："小时候我看的是'小杂志'，现在演变成'大杂志'，我已经收集了一大堆杂志，上面的内容很丰富而且很有趣，我也会一直看下去。"如果家长想将加诸在女儿身上的消费控制到最小化，那么将家里的商品册子扫地出门无疑是一个良好的开端。

此外，家庭消费模式也会给孩子造成影响：八九岁的儿童已经跟着

父母去过无数次商店，也目睹过家长在电脑和电视前购物的全过程。一些专家称，家长可能会在无意间让孩子养成购物的习惯，甚至就购物对孩子进行专项训练。毫无疑问，商家也注意到了这一点。

因此，家长要更加注意自己对待购物的态度，注意买东西的方式和地点，这样多少会起到一些作用。与其去购物中心，家长们不妨带着小姑娘前往当地的工艺品市场和菜市场，这些地方能更好地丰富女孩们的见识，增加她们的人生经验。如果女孩们能在旧衣服、跳蚤市场和旧货拍卖中发掘出乐趣，她们也会意识到旧物回收再利用的意义所在。这些经历也有助于激发孩子的想象力，让她们更好地应对非常规的、需要社交技巧的事情。

她们早早就开始学习化妆技巧，开始关注自己的各种搭配，这一切都发生在她们还是"小女孩"的时候。

——安妮特，13岁孩子的妈妈

对大多数女孩而言，购物是一种令人沉迷的癖好。不可否认，家长们无法从容控制所有正在发生的事情。对此，专家的建议是，家长应当关注那些引入家门的东西，这点至关重要。"事情一不留神就会失控——尤其是当你放任这些媒介进入自己生活的时候。"阿黛尔这样告诉我，她有两个女孩。

如果家长想要掌控一切，那么就要特别注意家里的电脑和网络世界。是时候给女儿普及网络安全问题了，家长要教导孩子保护自己，避免泄露私人密码或是家庭地址，抑或是其他个人隐私。家长们还应当下载网络过滤器，限制孩子登录某些电脑程序。

对"吞世代"的女孩们来说，是否为名牌无疑极其重要。她们要借此来定义自己是谁，自己追求的是什么。

☆ 为什么 "吞世代" 女孩崇拜名牌?

广告商的作用就是让女孩对这些品牌滚瓜烂熟,了如指掌,接着他们就能从营销活动中获得暴利。对 "吞世代" 来说,是否为名牌无疑极其重要,她们借此来定义自己是谁,自己追求的是什么。品牌的吸引力就在于,让女孩们专注于购物本身,而不是实际需要。

"品牌" 一词,所代表的远远超过词语本身的含义。女孩们想要的不仅仅是某个颜色或款式的帽子和裤子,她们想要的是这个品牌所包含的荣耀。如此一来,现在摆在家庭和学校面前的一个极其重要的工作就是,对女孩们进行媒体意识培训,通过培训让小女孩们了解自己长久以来是如何被操纵着购物的。

现在的小学生似乎生活在一个品牌世界里,品牌一词出现在他们小小世界的每个角落,名人、玩具、电视节目和电子产品互相交叉,错综复杂。

——艾格尼丝·奈恩,研究员

女孩们穿的衣服、吃喝的东西和喜欢的音乐都能帮助自己吸引他人注意,甚至成为人气女孩。青少年品牌教主玛丽·凯特和阿什利·奥尔森就是抓住这个商机,从手下的书籍、音乐、香水、化妆品和其他时尚产品着手,积聚了近4亿美元的财富。

为什么 "吞世代" 女孩崇拜名牌?这是因为她们喜欢通过穿着和喜好来界定朋友圈。为了呼朋唤友,为了避免被孤立,女孩们想出种种方法纠缠父母,希望他们给自己买想要的东西。品牌力量占据着举足轻重的地位,这也是各个公司一直坚持不懈建设专属品牌的原因所在。这些公司一旦知道自己有利可图,当然不想让这块利润丰厚的蛋糕从手中飞走。

"大家的从众心态非常严重，"卡拉指出，她是一个10岁女孩的妈妈，"十几岁的孩子并不害怕被众人孤立，但如果是八九岁的孩子，那么情况就不一样了。"一位女校长告诉我，有一个12岁的女生辛辛苦苦积攒了80美元，最终购买了一双鞋子。这个女孩来自一个普通的家庭，只是为了参加学校举办的一次庆祝活动。还有一个10岁的小女孩在参加学校的"友谊日"活动时，身着暴露的无肩背心并化了妆，不认识这个女孩的人甚至以为她有15岁。如果无限制地满足孩子的要求，只会让她们认为生活就是"即时满足"：即时购物、即时友情、即时行乐，甚至即时性关系——长此以往，生活中就没有什么能够令她们愉悦、令她们感到特别的事情了。

广告商们的宣传活动是如此的成功，以至于女孩以为自己必须拥有想要的一切。因此，当家长对某些要求说"不"时，席卷而来的只剩下女孩们浓浓的挫败感。"有时候，爸爸妈妈不让我买时尚衣服，即使我死缠烂打，他们也不在乎，"9岁的瓦内萨这样告诉我，"这对我来说太难接受了。"

现在的小女孩喜欢通过穿着和音乐喜好来选择朋友，这也是她们要死缠烂打让父母买这些东西的原因。

营销人员千方百计地想要吸引女孩们，他们小心翼翼地控制着女孩的购物选择。"每年的流行风尚都不一样，我的女儿艾玛只有8岁，但也已经注意到这点，"阿黛尔告诉我，"艾玛想要的衣服跟青春期少女的穿着几乎没什么差别。我的另一个孩子今年13岁，她在艾玛这么大的时候可不是这样，艾玛太容易受到时尚的'伤害'，因为她过于关注人们的看法和自己的外表。"

此外，在跟"吞世代"孩子聊天时，她们的时尚意识令人震惊。

"我非常喜欢这些新款短裤，它们美极了，这都是夏天的衣服，"7岁的布鲁克告诉我，"我还买了条小黑裙，可以搭配这件粉衣服，这件粉衣服既可以当上衣穿，也可以当裙子穿，我非常喜欢这样的搭配。"

消费者心理学家阿曼莎·因贝尔指出，铺天盖地的品牌现象是近些年才出现的。阿曼莎表示："如今，品牌和传媒在孩子身上显示了非同寻常的力量，影响了她们的整体期望，以及对体形和美丽的概念。可以说，她们的需求发展之快，远远超出了自身生理和心理的发展。"其实，跟我谈话的母亲对此都有同感。"很多时候，孩子们的行为都是不得已而为之，她们的自我个性已经有所减弱，"一位母亲告诉我，"她们一个个就像是名人的缩小版。"

这种对消费的渴望从很多方面影响着女孩们的生活。近来，我的朋友凯特不得不将她9岁女儿苔丝转学到另一所学校，仅仅是因为她负担不起苔丝想要的名牌服装——苔丝周围的同学都通过这些名牌服装进行打扮。这所学校并非是贵族学校，但苔丝却受到如此大的影响，凯特只好在女儿被完全同化之前采取行动。尽管转学让凯特和苔丝都不好受，但结果证明这一决定非常明智。家长一旦深陷孩子的纠缠，又不当机立断的话，最终获益的一定是商家。

品牌力量正在日渐上升，对小女孩造成的影响不言而喻，女孩们会不自觉地去关注相貌、穿着和人气带来的好处，这甚至给她们带来了无尽的忧愁。有些时候，如果家长未能快刀斩乱麻，及时做出决定，就会带来极其危险的后果。事实上，很多学生家长寄希望于老师，期望老师教导孩子懂得适可而止。一位教育家的建议是，"不要害怕教导你的孩子，他们需要的是父母，而不是朋友。"一个崭新的世界正在呼唤，呼唤家长摆脱肆意购物的生活；时代的号角告诉我们，是时候带着孩子去

野餐，去农场、公园、博物馆、沙滩、图书馆，以及一切可以探索的地方了。这些地方不仅对加强亲子关系大有裨益，还能给孩子一个更为广博的视野，帮助他们审视自我，了解他人。

早熟的 "乖乖" 女

　　长大成人是一个复杂的过程，尤其对新兴一代而言，成长过程中面临的很多问题都是父辈们前所未闻的。孩子们在努力发掘自我、认识自我的同时，也常常会在对长大的渴望和现实的无奈中踌躇不前，这是一个充满困惑，但又令人兴奋的阶段。

　　然而，对家长而言，并非所有的成长都足以让人欣慰，在一系列内外因的作用下，不少小女孩从8岁时就开始显现包括胸部发育在内的性特征，这些因素包括食物添加剂、环境污染和甲状腺肥大等。她们是如此稚嫩，以至于过早发育使得她们的生活复杂化，甚至伤害了她们的自我价值观。要知道，八九岁的女孩子大多不愿意成为"异类"，也不喜欢男孩们"过分"关注自己。此刻，小姑娘的确非常脆弱，作为成人的我们应当主动关心她们，尊重她们，跟她们聊天，讲讲自己小时候的感受和经历。

　　谈话时，家长（尤其是母亲）应当顾及女儿的感受，用自己的包容、温柔和诚恳鼓励孩子勇于面对正在经历的巨大变化。

　　一些女孩能很好地应对这些变化，努力前行；还有些女孩会因为身体的变化而更乐于同年龄稍大的少女混在一起，这就让事情变得危险，因为她们在控制自己和局势变化上尚显幼稚。一名警察对此表示担忧，他认为很多社会问题正在提早发生，女孩们还无法成熟地应对这些问

题。这名警察曾经处理过多起强奸案件，有的女孩子只有11岁，而她们的"男朋友"至少有16岁。这些女孩在这种时候最需要的莫过于家长的支持和关怀。

能否顺利地度过青春期之前的过渡期以及以何种方式度过，会对小女孩的自尊心产生极大的影响。近来，我很意外地发现一些女孩开始长体毛后，会去美容院做巴西脱毛蜡护理，费用由家长负担。这种家长出资让年轻女孩脱毛的做法看似匪夷所思，但一名美容医师告诉我说这种情况相当常见，而且说："其实更加卫生。"大多数女孩对于自己正在显现的性特征表现出一种挣扎心理，她们上一刻还感到兴奋，下一刻又会觉得糟透了。

由于女孩们在生理上提前成熟，思维表达能力也很清晰，家长和老师就理所应当地认为她们的心理发展也已经成熟，其实不然。伙伴和通俗文化极大地影响着女孩的行为和生活态度，让她们像温室里的花儿一样脆弱，易受摧残。此时，就孩子本身而言，她们也很难保持平衡心：一方面不再想被当作孩子对待，另一方面仍然童心未泯，稚气依然。"吞世代"女孩表现自己的方式同她们的内在发展明显存在差异。正如儿科内分泌学家吉尔·汉密尔顿所认为的："家长们必须明白，即使孩子的身体已经成熟，9岁孩子无论是在情感还是行为上仍然只有9岁，别把他当大人对待。"

专家们强调，无论小女孩是否认为自己已经长大，社会都应当秉持积极而尊重的态度给"吞世代"孩子（8~12岁）划清界限。建议家长明明白白地告诉孩子到底什么是可以做的，什么是不能做的。划清底线不仅能保护我们的女孩，也能教导她们规范自己的行为。

☆ 急着长大的女孩们

"吞世代"女孩对一切都抱有好奇心，她们迫切地想要了解每一件事。如今，她们面前的世界之大，日常接触的信息之多，远远超过以往的任何一代。当然，信息量大并不意味着孩子们拥有同等水准的洞察力，正如消费者心理学家阿曼莎·因贝尔所说："网络在青少年的成长过程中发挥着巨大作用，孩子们就像进入了装满财宝的阿里巴巴山洞，但她们却没有能力理解并消化这些信息，无法让这些信息发挥其该有的价值和作用。"

还有一点至关重要，父母在看到女儿面对压力时又该做何反应？事实上，无论孩子表现得多么精明，她仍然需要与父母交流，来获得更加平衡的观点。遗憾的是，这仅仅是一种理想状态。通常情况下，孩子们在沟通时更倾向于保持沉默，部分原因在于她们不知道如何开始一段被父母看作成人话题的交流。这样一来，交流的机会自然被白白错失。

家长可以跟孩子聊聊自己的小时候，讲讲自己最尴尬和最脆弱的时刻，通过这种方式可以很好地消除女儿内心的不安，让她知道父母与自己同属一个阵营。父母不要在轻松的聊天时光里给孩子讲名人轶事，试图用"范例"来感化她，这种做法其实非常不切实际——没有人想被说教。与此相反，如果家长能讲述自己的经历，孩子们就会明白自己不是在孤军奋战。尽管问题依然存在，女孩们却能了解父母的良苦用心：一切都会过去，明天又是新的一天。这样，女孩们甚至会在未来对今天发生的一切尴尬一笑而过。将孩子的问题同真实生活相联系，有助于抵消通俗文化和同伴压力对孩子的影响，让她们有一个更为放松和广博的空间去展现自我。

近来我们发现，孩子们出现了很多前青春期行为，10~12岁孩子做

着过去12~14岁孩子才做的事情。

——布鲁斯·弗兰德，尼克国际频道/音乐电视高级副总裁

☆ 我已经不是小孩了

孩子到了10岁左右，就会对"你还是小孩"这种说法分外敏感，这种敏感可能会以意想不到的方式显现出来。在英国的一项以7~11岁孩子为目标的研究中，女孩们对芭比娃娃的反应令人惊讶，许多女孩向调查人员很坦然地描述自己剪掉娃娃头发，拉断娃娃脑袋，以及烧掉或是折断娃娃的全过程。有一位女孩甚至把芭比放在微波炉里加热。当被问及这样做的原因时，女孩们表示芭比娃娃过于孩子气，她们觉得毁掉芭比是一个很酷的行为。与此相反，男孩们在调查中则表现出了对机动超人的热爱，即使他们早已不玩这些了。

我不喜欢芭比。芭比基本上是给小女孩玩的。我现在喜欢粉红佳人（歌星Pink）——我收集了Pink的T恤和人偶。我是在格温·史蒂芬妮的演唱会上得到这个人偶的，她就是这样穿着的，腰带上印着格温的首字母G，她穿着一条超短裙。

——仙黛尔，7岁

就"吞世代"女孩而言，摧毁芭比娃娃的确是一种很极端的方式，似乎只有这样才能跟"小女孩"说再见。由于女孩们缺少可行的途径去抒发内心的愤怒和沮丧，因此只能通过抛弃芭比来宣泄自己的压抑。此时此刻，我们需要做的是，关注那些可能对孩子造成困扰的问题：在她们的内心深处，是否在担心自己无法应对这个充斥着性与美的世界？

毋庸置疑，广告在"吞世代"孩子的敏感心灵中扮演着特殊角色，在焦虑的促使下，女孩们可能会盲目购物，尤其当被告知使用这些商品后自己会变得多酷、多受欢迎，或是多让朋友嫉妒。事实上，购物的确能让年轻女孩从关注现实转入关注自我。但无论广告描述得多么美好，购物仍然无法驱走生命中的痛苦、伤害和迷茫。我们发现，当焦虑无法解决时，女孩就会将这种愤懑内部化，转而伤害自己。

虽然我的芭比还在，但我不经常跟她们玩，我只想让她们静静地坐在我的卧室中，因为这样很好看。这些都是我6岁时候玩的，但我现在已经7岁了，我想我已经有点“老”了。

——鲁克，7岁

一旦意识到小女孩对长大的那种如烈火焚烧般的渴望，有些家长或许会寻求一些更为积极的途径，帮助“吞世代”孩子变得成熟。家长可以给孩子布置一些小任务，对孩子提出适当的表扬；选择一些更能体现责任感的活动，比如收拾房子或者参加慈善，让女孩跟家庭和社区更加紧密地联系在一起。与其让孩子在购物中心浪费时间，不如选择这些行之有效的，能让孩子感受到责任意识的方法。

过早的"性感"

当"吞世代"女孩看着布兰妮、林赛、帕里斯等诸多明星在酒精、药物和两性关系里苦苦挣扎时，她们并不会超越表象，去思考这些女星的经历并非普通女孩的生活。对女孩们而言，性感靓丽、特立独行似乎是引起他人注意的方法，也能部分解释她们过早放纵自己，让自己陷入危险境地的原因。

此外，当家长不得不面对小女孩身上正在发生的事情时，稍微年长的少女也在真诚地关心着这些小女孩们。"很明显，女孩们学会化妆和穿衣的年龄越来越早，她们过于渴望成长，"18岁的惠特尼表示，"我11岁的时候可没发现周围的朋友有这些表现。我想，她们应当试着去享受童年，享受已经拥有的生活。说到底，是大众媒介在对她们施加影响。"14岁的桑迪也有同感："我看到有些女孩穿着低俗，有些女孩画着浓重的眼影和血盆大口，对此我感到悲伤。尽管她们有权决定自己想要的，但自由不能被这样挥霍。"

小女孩的化妆和性感装扮足以引起人们的担忧？事实不止如此，经常有家长跟我谈起，他们很担心女儿接触不良信息或做出不雅行为。许多家庭不得不给电脑装上过滤器，这着实是一个好办法，不懂科技的老一辈也能放心地照顾孙子孙女。曾经有一位奶奶告诉我，她发现7岁的孙女居然在浏览黄色网站，这令她惊慌失措，她甚至不知道孙女是如何发现这些网页的。事实证明，这些黄色网站都来自同学之间的分享。当今社会，性文化更加普遍，几乎无处不在，也越来越影响着女孩的自我意识。还有一个小女孩，非常喜欢班里的一个男孩，甚至表示想跟男孩"亲密接触"，这个女孩只有7岁。事实上，这个小女孩并不知道自己到底在说什么，但她明白，这种行为表示自己非常喜欢这个人。这种例子并不少见，教师和辅导员对此已经屡见不鲜。

女孩们并非在不经意间汲取这些语言和行为，而是在不断努力学习周围的一切，家长必须意识到孩子究竟吸取了多少外部信息。"我担心的是，儿童很容易就能找到成人电影，"一位母亲告诉我，"性镜头和暴力情节堂而皇之地出现在电影里，这些非常不适合孩子看。"一旦小姑娘不小心看到了这些"不合适"的画面，家长应当用小女孩可以理解的方式告诉她们看这种电影不对。专家们再三强调家庭谈话的重要性，家长可以用轻松随意的方式引出话题，例如"男孩对女孩这样做，是不是做错了？"或者"这个是很有趣，但这种事不会在现实生活中发生。"

新事物不断给女孩施加影响，孩子们的童年时光正在快速消失，营销人员把这种趋势称为"小大人"。简单地说，我们的小女孩还没有准备好，就被暴露在成人的世界里。当然，我们看到的只是部分问题，如何才能"妥当"地跟孩子谈论成人话题，家长本身也很茫然。此时，对孩子进行说教无济于事，应当从根本上给孩子讲解具体行为所表达的情感暗示。例如，阐明一些不良行为可能带来的身体、心理伤害或是不良影响。家长掌握这些方法后，就可以帮助女儿明确这个年龄段的界限（或者说底线），从而培养她们的自我意识。

新兴一代的童年时光已经被彻底改变，老一辈的经验不足为信，我们的女孩需要获取更多、更新、更好的信息来应对她们眼前的这个

世界。试图对困难话题进行掩饰，其实不是在帮助孩子，但家长很难从自己的经验来判断女儿正在经历的事情，两者无法等同。正如澳洲儿童基金会的乔·图斯博士所说："6~8岁的孩子正在陷入具有强制性和操纵性的性行为中，人们对'性'这一词的实质内涵还存在疑惑，尚无定论。"不要觉得小孩子无意中模仿出来的性行为令人发笑或看着很"酷"，这对她们以后的发展并无好处，甚至会造成极大的伤害。图斯博士认为："这会给孩子造成极大的精神创伤。"

跟我同龄的很多女孩喜欢和男孩出去玩，她们会仔细考虑自己要穿什么和买什么。

——瓦内萨，9岁

☆ 性交易

有些女孩表现得很性感或装作性感，这种行为并不值得鼓励。商家知道"吞世代"女孩有多渴望成为少女，并借此推销她们喜欢的产品如化妆品、音乐和时尚物品，这也是近年来"吞世代"产品销量极好的原因所在。然而，许多母亲一直在向我抱怨，认为现在很难给孩子买件适合她们年龄的衣服。

但是，一些零售商对"吞世代"衣着的风向反应"过激"，英国一个家居商店在热门位置摆上了专为10岁以下女孩设计的"顽皮小姐"丁字裤，阿斯达超市也推出了针对9岁女孩的黑色蕾丝丝袜。此外，Funtastic公司旗下的比基尼内衣号称要"帮助女孩认识自我"；阿贝克隆比·费奇推出了针对10岁女孩的丁字裤，上面印着"眼睛糖果"和"眨眨眼"等字母，还曾引起过一场骚动。商家们表示，这些产品"可爱而有趣"，还能帮助女孩掩饰内衣裤的边角。尽管家长可能对这些趋势感到绝望，但他们很少会采取行动，完全没有意识到决定权其实就掌握在自己手中。要知道，没有公司愿意承担负面新闻的风险，尤其是跟儿童有关的产品宣传。因此，家长不要总把担心埋在心里，如果他们不为女孩们做些什么，谁又能来做呢？

让小女孩明白，性只是生活的配角，她可以在以后的生活里尽情购买这种内衣，而不是现在。

——珍·基尔伯恩，作家兼导演

父母和儿童权利倡导者表示，女孩在足够成熟之前就被鼓动变得"性感"，她们其实并不知道"性感"意味着什么。当父母们保持沉默时，商家就挣了大钱。这也是"吞世代"丁字裤市场一直存在而且效益良好的原因所在，这也是女孩总能买到印着有趣图案，如Hello Kitty或辛普森的丁字裤的原因所在。国际市场追踪公司NPD Fashionworld指出，自2000年以来，针对小女孩的丁字裤的销量已经翻了4番。这样一个充斥着性文化的时代是以往的女孩从未遇到过的，在很大程度上，新兴一代在面对这些问题时都是在孤军作战。因为应对这些问题，需要家庭、学校、社会和孩子的通力协作，显然这一体系还未成形。

一些专门治疗抑郁症、性传播疾病和饮食紊乱的专家指出，此类病症越来越多，但具体患病过程和发作过程尚待研究。作家兼社会评论家哈尔·涅兹维奇指出："如今，我们的孩子急匆匆地想要闯进青春期前期，为此甚至不惜头破血流，殊不知，童年本身就是一种'濒危物种'。"18岁的阿兰娜也有同感："我的小妹妹成长得太快了，我们穿的衣服几乎没什么区别。她还喜欢穿高跟鞋走路逛街，真是太荒谬了。"无论喜欢与否，这些趋势都在影响着女孩对自己的看法，以及自身的外表和举止。如果性感就意味着潮流和时尚，那么性爱也不是什么

大问题。一位心理学家兼教师说道："现在孩子们知道性爱是怎么回事，一些女孩在高中甚至十一二岁就开始'享受'性爱。"

如今，我们的孩子急匆匆地想要闯进青春期前期，为此甚至不惜头破血流，殊不知，童年本身就是一种"濒危物种"。
——哈尔·涅兹维奇，作家兼社会评论家

姑娘们的确需要尽情体验这个丰富多彩的世界，但对家长来说，困难之处就在于如何把握这个度。每当看到自己的孩子身着低腰牛仔裤，画着浓妆或是坚持要买丁字裤时，家长普遍感到很头痛，认为孩子已然进入叛逆期。然而，儿童心理治疗师罗恩·泰福却对此提出异议。他认为孩子们只是通过这种方法，表示自己是"青少年同龄群体和流行文化的一员，这种同龄群体是青少年自发结成的、强有力的社会群体，而流行文化则对该群体的需要、需求和情感起到塑造作用"。这个观点非常重要，体现了归属感在"吞世代"女孩的关键地位。因此，家长和教育工作者应当采取一些更有意义的做法来支持孩子、教导孩子，让她们感到自己属于这个家庭，属于这个社会。

尽管有观点认为，抑制小女孩成人化是在剥夺孩子的选择权，但年轻女孩如何穿着打扮，日常行为举止如何，绝不是凭空而来。"吞世代"女孩穿着性感的原因在于商家无休止地鼓吹，仿佛只有这样行事才能在社会立足。因此，除非有更多积极正面又能吸引他人注意的方法来表现自我，否则我们的女孩很难摆脱这种被当作商业"猎物"的生活。

他们（如今的孩子）受市场力量驱使，行为举止和穿着打扮都酷似大人；他们通过网络接触到太多不适合儿童的东西。
——节选自《致信〈每日通讯报〉》

也就是说，小女孩成人化无疑会危害她们的利益，我们决不能姑息不管、放任自流。如果家长真的想保护孩子，就必须从现在着手，从考虑女儿的穿着打扮着手。德蒙特福德大学的一项新研究表明，从网站上下载儿童色情作品的人与恋童、虐童癖者存在相同的心理特点，同时，我们正处在专家所说的儿童性虐待传染病中期，谁能说出有多少变态正走在大街上？当他们看到年轻的少女穿着成熟、打扮时髦又诱人，他们看到的是什么？是努力长大的"小女孩"，还是诱人的"小萝莉"？

"吞世代"女孩到底在追求什么？

　　"吞世代"女孩到底在追求什么？其实，跟大部分人一样，她们只是希望能获得认可、找到归属、享受被爱的感觉。在这被媒体包围的世界里，她们要建立一套实现自我目标的方式。女孩们一直在对名人的关注中长大，很多孩子都希望有朝一日成为名人。KidShopBiz公司的保罗·科尼特对此做过一个调查，45%的女孩的回答是"我想当名人"。小女孩到底在想什么？10岁小女孩梅勒妮这样总结道："我想做名人，当演员，她们可以拥有很多东西，能实现很多目标。"

　　马丁·林德专门在8个国家和地区做过研究，超过50%的被采访女孩表示自己想成为明星。该研究从侧面表明了"吞世代"女孩的想法，但在几年后的现在，这个研究已经"过时"了。近来，在电视和营销力度增强的影响下，渴望成名的姑娘越来越多，英国的艾格尼丝·奈恩博士及其同事对7~11岁的男女儿童的研究发现，现在最热门的话题不是围绕玩具和游戏，而是体育明星、流行歌手和电视节目。

　　商家和营销公司以女孩为目标，在产品宣传上投入了大量时间和资金，使得"吞世代"女孩更加关注自己和他人的外表。即使是不想成为明星的孩子，也会为其魅力所折服，向往不已。正如消费者心理学家阿曼莎·因贝尔的观点：曾经，成为明星无异于白日做梦、遥不可及，但是现在有了真人秀节目，出名似乎也就是一夜之间的事。随着草根明星的增多，名人阶级已不再像以前那样高不可攀。对这些明星，女孩们不仅仅是有所耳闻，简直是如数家珍，她们每天都在关注明星们的动态。这样一来，不少女孩就将了解自我和周围世界的宝贵时间花在了追星上。

当然，"吞世代"女孩追求的可不仅仅是人气和明星，她们还想成为有钱人。在一项针对11岁和12岁孩子的调查中，80%的回答是想变得富有，这一比例令人愕然。跟我聊天的女孩们也不例外，9岁的瓦内萨说道："我想有很多钱，我想生活得很好。"女孩们想要更多的可支配收入，因为她们需要大量金钱去买想要的东西。

尽管现在的女孩有更多的选择，但在很多方面，她们的生活经历和眼界正在变得狭窄，越来越多的女生只将关注的焦点放在外表、穿着、朋友的看法和明星生活上。曾经，她们可以在自己的内心世界里放逐思绪、挥洒激情、放飞梦想，或是幻想一切不寻常的、出人意料的事物——这也是想象力得以发展的关键因素；现在，她们的内心世界却被圈禁在一方小小的空间里，不再有活力。

女孩们如果有充足的时间和空间去思考外部的世界，她们的生活也会因此而更有活力，生命一词不再仅仅意味着生活，她们也可以畅想生命对自我，对他人，甚至对这个星球的意义。如何才能让女孩的内心世界"重获生机"？家长肩上的责任至关重要，他们需要给孩子营造一个合适的家庭环境，比如鼓励孩子发展兴趣爱好；给孩子静静思考的时间；安排家庭娱乐时间；鼓励孩子跟亲朋好友玩耍，让她感到自己是家庭不可或缺的一部分。

☆ 容易受伤的女孩们

"吞世代"女孩需要这种参与感和归属感，无论她们现在拥有什

么，又在渴望什么，专家们担心的却是她们内心深处的苦恼和不安全感。纵观历史，现在的孩子可能是最富足的一代人，但我们有充足的理由认为，她们也是最缺少安全感，同时也是最消沉的一代，全球营销专家马丁·林德斯隆如是说。斯坦福大学青少年研究中心主任威廉·达蒙告诫家长永远不要教导孩子根据外表（或表面价值）判断事物。原因在于，学会这一套的孩子可能掌握一种"肤浅的世故"，但他们本身仍然易受伤害。

她们这个年龄到底最渴望什么？排在榜首的两个回答是"外貌"和"接纳"。 10岁的梅勒妮这样告诉我："我们关心的就是大家喜不喜欢你，是不是每个人都愿意跟你说话。" 9岁的瓦内萨说："她们关心外表，关心自己的发型、脸型、眉毛和胖瘦。"瓦内萨承认，自己也很关心"体重和男孩，因为肥胖会被其他孩子嘲笑，会让人用鄙视的目光看待你，你自己也会嫉妒那些苗条的女生。"事实上，这些看似不必要的忧虑，对女孩而言却足以造成毁灭性的打击。家长则要了解孩子们身上发生的事情，全副武装准备扭转局势，鼓励女儿增加信心，喜欢自己，才能喜欢他人。

纵观历史，现在的孩子可能是最富足的一代人，但我们有充足的理由认为，她们也是最缺少安全感，同时也是最消沉的一代。

——马丁·林德斯隆，全球营销专家

"吞世代"女孩开始质疑父母的观点，喜欢在朋友面前抬升自我。她们乐于跟周围人辩驳，此时，家长和老师就有责任为孩子创造辩论的机会。这也有助于家长了解孩子的是非观，因为此时的她们尚未对周围世界或是未来发展形成充分认识。每天下班后，在工作之余花点时间和孩子聊天，这种举手之劳其实非常重要，因为这个年龄段的孩子总是充满焦虑,这种心情甚至会随着年龄增长而加剧。但如果这些问题能够在放松的环境中开诚布公地讨论,小女孩自然会对问题有更加清楚的认识。

近来,越来越多的孩子在情绪低迷时,选择打热线电话解压,最小的孩子甚至只有5岁。有100多位儿童健康专家、作家和学者对此感到担忧,他们认为儿童抑郁症和心理问题会阻碍儿童的行为和发展。因此,他们致信给《每日电讯报》,写道:"很明显,心理健康问题已经给众多儿童造成了不必要的负担,几乎已经成为导致青少年滥用药物、暴力行为和自我伤害的主因。"这些专家、作家和学者强调,孩子们需要吃真正的食物,需要在真实世界中玩耍,需要对生活进行最直接的体验,还需要跟家长定期进行交流,这样才能成为一个全面发展的人。

我们的社会煞费苦心地保护孩子,防止他们受到身体伤害,但现在看来,我们忽略了他们的感情和社会需求。

——节选自《致信〈每日通讯报〉》

神经系统学家苏珊·格林菲尔德更进一步指出,在针对11岁孩子的认知测试中,这代孩子的认知水平比15年前的同龄儿童平均落后了2~3年。苏珊认为,如果缺乏大脑发展所需的关键因素——人际交流、营养食物、玩耍以及直接参与生活——孩子们的认知能力和创造性表达能力将继续枯竭。这封信中还提到了一个关键信息,那就是,我们要正视"过度刺激"带来的问题。成人不得不面对工作和生活中出现的海量信息,但这绝不意味着我们的孩子也需如此。

那么,"过度刺激"到底会带来什么?毋庸置疑,小女孩身上的压力正在逐渐增加。的确,十几岁的少女已经注意到这个问题,16岁的卡莉告诉我:"我发现,比我小几岁的孩子所肩负的压力,是我们这个年

龄段的10倍。"孩子们感到焦虑的一个主要原因在于，她们害怕失败。当一群十一二岁大的孩子被问及最害怕的事时，高居榜首的回答是"不理想的学习成绩"。全球市场营销专家马丁·林德斯隆认为，如今的孩子一直处在内心焦虑的煎熬之中，无法从这样一个"可怕"的社会里脱身。小女孩们仍需在这些方面加强学习和了解。此外需要指出的是，商家和营销公司正是利用女孩们的恐惧和焦虑来扩大销量。

如今，孩子们的确生活在一个"混乱而焦虑"的时代，正如一位家长所说："最大的区别可能在于他们没有自由，相比之下，上一代人就要轻松得多。我们小时候很难在放学后见到爸妈，他们需要做的只是在我们晚上回家后提供食物。那时人人都是如此，你只要在晚饭时间回家就行，周末也很自由，可以满世界乱跑。但现在的孩子不得不一直跟在家长左右，我认为他们的自由已经不翼而飞，这的确很悲哀。"

如今，家长在孩子身上寄予的期望更大，而这也是造成孩子们焦虑的部分原因。"现在的孩子当然有压力，"一位母亲反映，"成功就是一切，他们生活的每一步都被早早地规划好。他们没有时间玩耍，看电视可能已经成了唯一的放松活动……尤其当我们不想放他们出去玩时——这个世界太不安全了。自由的时间那么少，压力自然随之而来。"

☆ 我讨厌自己的身体

"吞世代"女孩一天天长大，她们也越来越关心自己的身体。美国的一项调查显示，有81%的10岁女孩担心变胖；超过50%的9~10岁女孩表示只有在节食时才会自我感觉良好。孩子们形成了这样的认知，殊不知，节食更有可能导致青春期推迟，继而阻碍身体成长。如果严格控制饮食，身体甚至会停止分泌雌激素，这将进一步导致出现健康问题。

然而，很多女孩能想到的仅仅是怎样变得苗条，以为这样就能让自己大受欢迎。"胖女孩就是个悲哀，人们会嘲笑她，"10岁的梅勒妮如是说，"人们会认为她跟别人不一样，因为她是个胖子，那些又瘦又高的孩子总是背着老师笑话胖女孩。"

女孩们早早地就开始关注自己的身体，每个人都知道要注意形象，每个人都在努力"折腾"自己的发型和外表，她们觉得一定不能比别人差，真是太悲哀了。

——罗丝，心理学家兼辅导员

前段时间，美国天普大学成立了MyPopStudio.com网站，专门教女孩如何以新的眼光看待媒介。在这个极富创意的网站上，女孩可以创造自己的流行歌手，编制节目或是让自己成为明星，体验成名的感觉。当网站创始团队审视网站的使用情况时，他们失望地发现，无论女孩的真实形象如何，她们基本上都进行"改头换面"，给自己换上了金发、雪肤和苗条的体态。

年轻女孩们更加关注外表，用身材和美丽来衡量自我价值。

——瓦妮莎·谢帕德，心理治疗师

女孩们对身材的关心和焦虑只增不降，最终可能引发健康问题的出现。有1/10的女生患有厌食症，她们说这种病大概会在10岁甚至更小的时候发生。受世俗对美丽女人定义的影响，"吞世代"女孩纷纷在墙上贴上美女海报，努力去模仿她们，原因很简单——就是为了让大家喜欢自己，接纳自己。我曾跟一名专家探讨过家庭氛围和家长态度对此产生的影响，她的建议是，母亲自身应当保持乐观自信的态度，这样才能让孩子感染到这种积极的情绪。

☆ 被迫独自"当家"的女孩们

女孩到了10岁左右，家长很可能都在为事业打拼。这样一来，表面上看孩子能享受到更多自由，事实是她们不得不独自一人打发时间。通常情况下，这些女孩有更多的零用钱可供自己支配，从而给商店和零食可乘之机。当然，一些女孩在这种情况下会主动学习烹饪和做家务。虽然这一结果有助于增强她们的责任感，但可以肯定的是，这无法取代她们对家庭温暖和沟通的需求。由于父母无法陪伴自己，女孩不得已之下只能向朋友靠近，这就加重了她们在彼此生命中的地位。帕特里夏·阿德勒曾致力研究青少年同龄群体，指出独立的女生最受女性朋友的欢迎。如果我们想培养下一代，就需要找到更为有效的教育方式，规划好孩子的课余时间，进行一些有意义的活动。

毫无变化的信息日复一日、年复一年地通过各种渠道，在塑造新一代上扮演了重要角色。

——马丁·林德斯隆，营销专家

教育家们担心的是，与以往相比，同龄人的压力现象正提前发生在少女们的生活中，小团体造成的压力在过度影响着女孩的生活，而且这种影响很难消除。通常而言，女孩选择加入哪个小团体取决于她们遵守的一系列行规，这些规定往往能决定她们是谁，怎么打扮，喜欢什么等问题。此外，这些状况又在很大程度上受到媒体的影响。

尽管"吞世代"女孩们喜欢观察朋友或同学身上的亮点，甚至彼此模仿，但她们本身对这种行为没有概念，可以说是在潜意识下完成的。媒体也是她们生活中不可或缺的一部分。凯萨家庭基金会的一项调查显示，在10~12岁的受调查孩子中，超过1/3的"吞世代"表示他们的朋友总能从电视、电影和其他媒体上获得大量关于药品、性和暴力的信息，再加上电视里播放成人节目的频率越来越高，家长和有关专家的担心绝非无中生有。随着单亲家庭和双职工家庭日益增多，越来越多的女孩都是独自"当家"，大多数孩子会一个人在电视机前吃掉食物。

家长们不得不工作养家，很难在孩子放学后照顾她们。那么，我们需要对以下两个问题进行反思：问题一，我们是否掉入了"工作为了消费"这种怪圈；问题二，消费文化到底在家里渗透到什么程度，让我们的家庭生活支离破碎，使得儿女远离父母，只能靠近朋友寻求依靠。

☆ 被过度刺激的孩子们

那么，媒体和新科技到底要把女孩们带往何方？专家们关注的一个焦点是"孩子被过度刺激"。成人已经习惯从媒体中获取大量信息，但这并不意味着儿童也能应付得了。事实上，孩子们疲于接收信息，而且既没时间反思，也没时间跟同伴交流，更无法体会"放松"的乐趣。这些生活技能极其重要，如果女孩无法掌握，就会对个人发展产生危害，因为她们会觉得自己在被牵着鼻子走。那么此时此刻，家长就必须从自身做起，用健康的生活方式给孩子树立榜样。

焦虑在女孩的内心深处一天天蔓延，我们需要做的是帮助她们丰富个人生活，发掘内在创造性，让她们在对自我以及对外部世界的不安中寻找一个支点，并进行平衡。帮助她们培养内部正力量，鼓励她们用积极乐观的心态看待未来；让她们相信自己极富创造力，能够"想父母所不能想，为父母所不能为"，实现父辈梦寐以求却未能实现的目标。如果家长能以积极的态度鼓励女儿，女儿自然会更有信心去面对这个复杂的世界。

消费心理学家阿曼莎·因贝尔博士则给家长们提出了一个建议，她认为帮助"吞世代"应对媒体的最佳途径之一是让孩子认清真相。"尽

早让孩子明白什么是广告，让他们明白自己一直在被'购物'，必要时家长甚至可以丑化推销商的形象。"家长还可以采取一些有趣的方法，比如跟孩子一起数数某页杂志上的广告，算算这些商品的总价值，猜猜一本书上有多少商品，如果都买下来要多少钱，等等。值得庆幸的是，学校现在已经开始教授媒体素养课，让孩子了解广告商、杂志编辑、视频剪辑和其他形式的媒体。与此同时，家长也应当积极组织家庭交流活动，一起讨论消费和消费主义可能带来的影响。

☆ 走出以自我为中心的围城

许多"吞世代"女孩的生活都是以自我和朋友为中心，一旦稍微变得成熟，就不得不在保持自我和适应多变的生活中寻求平衡。专家们就此提出一个建议，让她们参与到社区活动中，跟各种性格、不同年龄的人交流，帮助邻居或参与慈善活动，参加公园里的植树活动，组织或参与旧货出售。举个例子，曾有两个小女孩自己回收旧物，然后送到回收站，并将所得资金募捐出去。这些活动能扩大孩子们的眼界，让她们融入社区，增强归属感，还能帮助她们发掘并强化自我表现的能力。

另一个帮助"吞世代"增强归属感的方法是"共同仪式"，比如周末早上共享一顿特别的早餐，一起逛超市，这些方法不但简单易行，还有助于增加孩子的精神力量。尽管小女孩此时还不能体会到家庭活动的重要性，但这些无疑能教会她们丰富自我生活。

"吞世代"女孩还有很多事情需要学习，据说，孩子一年所学的东西等于成人在5年内的积累。作为成人的我们，则要尽可能帮助她们平衡多种压力。要知道，这几年在女孩的生命中至关重要。专家告诉我们，影响一生的习惯正是在这几年里养成的，现在就是帮助孩子铸造习惯的最佳时机！

"我想拥有一切！"

小女孩蜕变成少女（指13~19岁）可不是件小事，她们希望别人能用平等的眼光看待自己，她们对性感、购物和"成人"娱乐的需求暴增。"我们有了自己的想法，甚至有了'物质至上'的观念，"16岁的乔伊表示，"我们对异性感兴趣，我们关注当红电影明星，我们喜欢追逐打闹，我们追求独立，我们想变得成熟。"对16岁的卡莉来说，这个阶段里最重要的应该是音乐、派对、衣服、装扮和约会。正如17岁的阿比所说："我们知道成年生活应该是什么样的，我们也想要成人的生活方式。"

☆ 踏上新的征程

在女孩们进入青春期的这几年里，如果家长努力去了解她们，就会发现新兴一代跟他们年轻的时候相比可是大不相同，现在的青少年正站在社会变革的风口浪尖上，不断感受着那些快速变化着的青年文化，不断接受最新科技和通信技术的洗礼。少女们不再沿着传统的"成年之路"前进，转而寻找新的途径——开拓新疆土的征程注定艰辛，尤其当她们不得不对抗生活中的压力时。"我们要处理学校和朋友间的关系，还要面对一些敏感问题，如吸毒、酗酒、暴力等，"17岁的基拉说，"我们要面对的问题太多啦，有点让人喘不过气来。"如果家长能更多

地理解并关注女孩们的世界，或许他们会搭建一座与孩子沟通的桥梁，努力帮助孩子面对成长中的苦恼。

　　一部分压力来自青春期少女永恒不变的需求，例如，十几岁的女孩就喜欢新衣服、新鞋子、化妆品和珠宝首饰，也喜欢看电影、读杂志和MP3，面前的选择越多，她们想要的也就越多，要付出的努力也就越多。对大多数女孩而言，想要的东西永远都买不完，关键是要找个能赚钱的工作，像成人一样养活自己。这正是家长们担心的另一个问题，孩子们的期望值过高，但她们是否有能力去实现呢？

☆ 她们想要亲身体验生活

　　十几岁少女的心态和想法着实令人钦佩，她们想要亲身体验生活，而不是将生活摆在盘子里然后放到面前。16岁的佩塔说道："我们想要的，不是从别人口中了解世界，而是出去工作，亲自探索和发现，亲自犯错然后从错误中学习。"

　　我们要做自己想做的事情，这才是学习的方式。

——伊薇，15岁

　　"我觉得你一直在将我们和上一代进行比较，其实大可不必，"14岁的桑迪告诉我，"家长们总是说'我们小时候'，但是我们已经长大了，时代在改变，高科技不断涌现。"家长很难反驳这一说法，毕竟，孩子有自己想做的事，大人也有很多东西需要学习。"态度很重要，"珍承认，她的两个女儿都处在青春期，"我的小女儿今年13岁，总是想要自己做决定，喜欢跟大人讲理，有时候我真的很为难。"女孩们自信热情是件好事，但不恰当的表达方式只会带来反面效果。因此，家长需要找到一些新的方法让孩子释放活力，而不是让孩子的蓬勃生机在无休止的意志之战中消亡殆尽；女孩们需要学习的是，在亲朋好友的帮助下积极解决问题，学着以机智而公平的方式处理周围的关系。

但在通常情况下，女孩们所寻求的仍是向前发展的机会。我们何不抓住她们的这一需求，付诸实际行动，让孩子增加自我价值感和归属感呢？参加社区活动和慈善活动都是理想的选择，能够帮助孩子发挥并发展本身能力。我认识的一个女孩就在帮助当地慈善机构整理数据库，通过提出自己的想法，让更多的人意识到慈善服务的重要性，女孩自己也从中学到了很多东西。诸如此类的方法还有很多，都可以让十几岁的孩子生活得更有意义。此类活动的好处在于，女孩们可以通过自我贡献，体会"集体"的意义之所在，通过努力让自己受到别人的认可。当然，这些活动越早开展越好。

☆ 她们是如此的稚嫩而脆弱

大多数女孩缺乏足够的空闲时间，我们要思考的是，她们所"忙碌"的事情是否对自身有益，或者能否有助于其成长。如今，外界信息铺天盖地，这也给青春期少女带来了诸多挑战，让她们的生活更加复杂。我跟女孩们聊天时发现，她们起初都表现得很自信，仿佛时刻准备着征服世界，但当我更深入地了解她们后，我被深深地震惊了，她们是如此的稚嫩而脆弱。许多人都在与压力和疲劳做斗争，要做的事情永远做不完，一天24小时仿佛都不够用，即使是在假期，也有数不清的作业要做。"我的妹妹一放学就出去玩。我呢？我累得只想上床睡觉，"15岁的伊薇说，"我的朋友们都是这样，这太令人失望了，我这么累也没做出什么成绩。"

抱怨自己累的孩子并不在少数，"真的很累，"15岁的密西承认，"但你仍会努力去克服，你仍然会坚持去学校。有时候也跟学校的课程

有关，比如科学和数学课总是令人犯困，但午餐时候会清醒一下。晚上9点半睡觉时，你真的会非常非常瞌睡。"

在跟少女们聊天时，她们表示自己总是背负重压。"真是累得要死，尤其在学期末的时候，"16岁的佩塔说，"开学第一周上课发困是因为你还没适应学校生活，然后一切步入正轨，到了学期末几周，你就会完全放松，这时候就只想睡觉。整个假期都想睡过去，因为你困得无以复加。"如果我们无法教会女孩们"休息"的价值和乐趣，那么她们自己可能要摸索很久才能学会，长此以往甚至会导致健康问题。

☆ 睡眠不足

专家们也认为青少年普遍睡眠不足，"我们发现，孩子们的平均睡眠时间为7个半小时，"精神病学教授玛丽·卡斯克顿说，"事实上，有1/4的孩子只能睡6个半小时甚至更少。如果要第二天保持最佳状态，那么就要睡够9个半小时。很明显，日复一日，月复一月，她们极度欠缺睡眠。"

"我的睡眠大体上还算充足，"18岁的切尔西这样说，但很快我就发现不是那么回事，"我不用睡得太多，下午可能会困，但过那么一个小时就好了。即使昨晚熬夜，我的生物钟也会早早把我叫醒。"当然，过于疲劳并不能全归咎于作业和繁忙的社会活动，她们还喜欢花很多时间上网。

我们的业余时间不多，但我喜欢在学习之余干点其他的事情。有时候，我只是想坐下来，静静地读本书，或是听听音乐。

——佩塔，16岁

缺乏睡眠会影响学生的短期记忆能力，使孩子们在上课时无法集中注意力，甚至导致体重上升。与儿童和成人相比，青少年需要更多的睡眠，缺觉在少女身上造成的影响远远超过成人，让她们更易受到抑郁症和饮食紊乱的侵扰。据说，现在有很多孩子患上了注意力缺乏症，甚至存在学习障碍，这些都是睡眠不足引起的。缺乏睡眠还会导致易躁、易怒、情绪化以及不理智的行为，也是早发性糖尿病的罪魁祸首之一。因此，家长应当及时同女儿进行交流，帮助孩子制定合理的作息表。

☆ 逃避现实

很明显，女孩们在重压之下就会产生一种强烈的逃避心理。"我喜欢看电影，这时候我可以从现实中解脱，到'别的地方'去，"14岁的桑迪坦白道，"看什么电影并不重要，重要的是此时此刻所有事情都可以抛之脑后。"但是，不是所有人都通过电影放松自我，一些女孩就选择在酗酒和吸毒中放逐自己。

当姑娘们向我述说身上的压力和疲惫时，我发现很多人都希望重新回到小时候，这令我十分惊讶。18岁的安德莉亚表示："真想回到小时候，无忧无虑地醒来，然后整天都在玩，什么都不用担心。"同样，18岁的阿兰娜也这么认为："我真想施点魔法变小，回到充满天真的童年时光。那时候什么都不用想，不用像现在一样。不知道从什么时候开始，我不再有玩耍的时间，真想回到从前，重新体验一切。"

我希望能回到8岁那年，人人爱我，我爱人人，回过头去才发现，那时候的问题都不是问题。那时候的我不用担心什么鞋子是不是"合适"，因为我根本不知道什么叫合适，小时候真是美好。

——桑迪，14岁

看到孩子们将童年记忆视若珍宝，如此怀念，一种心酸的感觉油

然而生。"我和我的朋友都喜欢迪斯尼电影,希望自己也能重温小时候,"密西说道,"我现在只有15岁,但也想回到9岁那年,跟我的芭比好好玩。"

对于已是成人的我们,无忧无虑的少年时光已经一去不复返,但我们可以怀着这样的遗憾去帮助女孩寻回迷失的自我,重新体验质朴而自由的童年时光。许多女孩子都表示自己喜欢照看小孩子,跟他们玩游戏,即使只是跑跑跳跳,也会别具乐趣,她们发觉自己也在照看小孩的过程中奉献自我,这让她们体会到责任的真谛,也有助于培养自己的想象力,增加归属感,让她们感到自己被需要、被认可。类似的途径还有很多,少女们也可以通过艺术活动、唱歌跳舞、野外活动等抒发自己的感情。只要家长和老师们能给孩子提供一个创造性的环境,孩子们就能自己发掘出展现自我的方式。

少年时光充满了矛盾,这一刻女孩们可能还在寻求安静,下一刻她们又想奔出地球去,家长一定要注意到这点。青春期少女一方面不喜欢压力,希望自己有更多时间放松休息;另一方面她们也喜欢向前冲,喜欢各种活动,喜欢体验新事物;同时,她们也非常乐意将时间花在社交、购物和网络上。一些孩子会在课余时间打工来补贴家用,但更多孩子工作是为了有钱去消费。总的一点,她们都感到时间真的很不够用!

期望越多，压力越大

如今的女孩知道，自己所拥有的比以往任何一代人都要多，这也要归功于家长和老师的不断提醒。孩子们本身也非常庆幸，"很久以前，先辈们什么都没有，在踏过了一段漫长的路途后，我们才能拥有如今的生活。"18岁的惠特尼表示，"现在，那么多伟大的女性在这个世界有所作为，我很希望成为其中一员。"

对一些女孩来说，面前的机会代表着无与伦比的人生财富，她们对此兴奋不已；但令人惊讶的是，有相当一部分姑娘对人生财富没有任何期待，甚至感到麻木。但是，当问及她们的生活，女孩往往会给出一个极其漂亮的回答，她们知道大人——尤其是成年女性——就喜欢这种答案。然而一旦深究，就会发现在那平静表面下隐隐浮现的是汹涌的焦虑和挫败感。密西（15岁）表示："我觉得上代人很难理解我们身上的压力。"阿兰娜对此表示认可："没错，今天的一切的确来之不易，但有时真的很令人沮丧。大人们总在唠叨说：'你有这么多东西，为什么不充分利用，为什么不尽力而为？'"

我认为女性的压力更大。要知道，我们面前的机会可比祖母或是母亲那一辈多得多，她们希望我们抓住所有机会，希望我们能利用这些机会实现她们无法实现的事情。

——佩塔，16岁

对部分少女而言，压力之大已经让人无法承受。"要做的事儿太多了，压力真的很大，"基拉（17岁）承认，"每个方面都要兼顾，当然收获也很多。"佩塔（16岁）也有同感："我在学校的时候很少外出，不仅要做作业，其他要做的事情也有很多。如果你想把它们都做好，那真是'压力山大'。"孩子们就像陀螺一样疯转："我得留在这里，我还要去学习，我要做这个，我还得做那个。"

现在的女孩子物质条件优渥，身边机会多多，家长和老师当然希望她们能展翅飞翔，拥有强力后盾的少女自然敢于梦想、敢于追梦。然而，期望越多，压力就越大，这点尤其体现在课业负担上。伊薇（15岁）表示："我之所以要做这些事情，是因为无法承受不做的后果。"

这种回答并不在少数。尽管大多数家长和老师并不愿意看到这样的结果，但事实正是如此。"有的时候上课，5分钟就是我的极限，"18岁的切尔西如是说，"上课就像是说教，就像是给我们施压，我实在听够了。"很多女孩已经意识到成功并不是"自己的"事，正如莉莉（13岁）所说："老师希望你表现突出，家长更希望孩子出类拔萃，这样自己也会感到光荣。问题是，不是所有人都能做到。"

如今，女孩们很早就要规划好自己的未来，一部分压力就此而来，许多孩子很反感这点。"学校真是个让人无比操心的地方，什么都得靠自己，"卡莉（16岁）坦言，"老师、职业顾问和家长不停督促，给你加压。"大多数家长都是在做分内之事，但有些人的确过于"雄心勃勃"。我曾读过一篇文章，上面介绍有些家长每年花几万美元给孩子进行培训，希望孩子成为职业运动员。

（给孩子培训的）职业教练们认为，家长们希望孩子变得更美、更成功、更受欢迎，但这种期望总会带来很大压力，最终伤害孩子。

——玛丽·麦克劳德，国家家庭和育儿研究所主管

☆ 职业规划

职业规划咨询非常有用，但难免存在局限性。乔治亚（20岁）告诉我，她所在的学校从学生14岁开始实行职业规划，但她并未从中学到什么，因为她也不知道自己想做什么。在觉得自己必须去做点什么之后，她开始接受职业规划。乔治亚还认为，职业辅导助长了这个年龄段女孩之间的竞争，而这种竞争其实并无益处：那些有雄心壮志的孩子被认为是"成功者"，没有鸿鹄之志的孩子就被看作"失败者"。

学校在提供职业咨询方面必须谨慎行事，以免打击小女生那颗脆弱敏感的心灵，同时避免造成失败的恐慌。我们作为成年人，也不能低估恐惧对孩子们的影响，"我有点担心，在真的长大成人之前就要做这些决定，"密西（15岁）说，"我不得不给以后几十年找个出路，但自己又没什么主意，想起来真可怕，以后的命运就掌握在自己手上。"

"高中阶段的想法并不代表未来的职业，这种想法本身就是一种误导，"乔治亚（20岁）认为，"人们总以为，如果你在高中是个窝囊废，那么将来的人生也会失败。事实并非如此，甚至完全相反。有实例可以证明，一些在上学时看似超级成功的女孩很快就会从云端跌落，我替她们感到难过；而许多在高中时期不受认可的学生却能迅速掌握自己命运的基点。"卡莉（16岁）这样总结："如果你成为医生，又嫁给医生，然后有座大房子，开着小汽车，生一堆孩子，还请得起保姆，你才能说自己的确干得不错。"

"机会越来越多，"安妮特表示，她的女儿今年13岁，"在机遇面前，你可能感到层层压力，甚至会超过负荷，女孩们需要掌握一定的应对之法。"心理学家兼校内辅导员芭芭拉则强调："女孩们很难做出抉择，她们甚至感到无所适从。面前的路太多了，她们在挣扎，挣扎到底应该选择哪条'未竟之路'。对部分女孩来说，学校并不是最终的

归宿，逼迫她们去完成学业的做法根本就是大错特错，甚至是极其悲哀的。不是所有人都想要或者需要上大学，或许我们应该给她们提供更多更合适的机会和选择。"如果家长和老师想让孩子找准他们未来发展的方向，就得认真考虑这点。

我的父母就像那种高成就者，他们会看着我的成绩单说："看看你的成绩，想象一下，如果你真的认真学习就不会是这种结果。"

——切尔西，18岁

☆ 家庭压力

有些时候，望女成凤的家长的确会给女儿施加压力，尤其当他们在孩子身上花费的精力较多时。女孩们不会无视父母的投资，同时也敏感地意识到父母的期望——期望投资有所回报。除了家长，老师也在不断施压，希望女孩能在众多选项中做出正确的抉择。"还记得，小时候上学总是很害怕，学校只有一个永恒不变的主题，那就是'期望'，"桑迪（14岁）说道，"现在依然如此，你总会想着'要是做不到该怎么办？'"

你必须工作，晚上结束，早上周而复始。工作似乎不是为了实现某种目的，只是持续地工作而已。

——伊薇，15岁

对许多女孩来说，那句"你可以拥有一切"的论断其实是种威胁，这点会通过她们的身体语言反映出来。青春期女孩渴望自信，渴望展现出自己的能力，但她们也有脆弱的时候。"我觉得还没准备好，"卡莉（16岁）说道，"大人们总说'你该长大了'，但我觉得自己本质上并没改变多少，仍然是个小孩。有时候会觉得无法呼吸，心想'你们怎么可以期望这么多呢？'总有一天我们会崩溃，然后抛开一切。"莎拉（18岁）对这种压力感到疲倦，"即使再三重复，强调自己是独立的个体，强调要自己做主，但大人们终究难以改变观念，总要在后面推着我们往前走。其实我并不喜欢'被'告诉未来。"

被告知"你完全能够得到想要的一切"时，如果你并不知道这意味着什么，那么这句话本身就没有意义。对大多数人而言，成功之路从来都不好走，任何人都无法直言成功模式究竟怎样，女孩们初入职场，也得琢磨好几年才能发现自己的热情所在。正如一个女孩所说，"我观察过妈妈和她的朋友，她们早早地就做出选择，然后活在自己的小世界里，安逸舒适地过日子。"阿比（17岁）则认为，老师也是压力源之一，他们总是把成功挂在嘴上。"我有很多老师都是纯粹的女权主义者，她们总想证明，女孩也能做男孩做的事情。"

事实是，女孩们很少有机会放松，也没有时间去探索自己感兴趣的东西，更不用说学习如何应对挫折。许多女孩相信，一次失败的选择就可能毁了未来的人生。"对未知的东西感到紧张。比如，你选择了某个职业，结果发现自己干不了或是不爱干这个工作，那么成功自然与你无缘，这就意味着你做了个错误的选项，一想到这些真是让人崩溃。"密西（15岁）坦言。如果我们想做点什么来帮助孩子，首先得端正心态、让自己放松，如此少女们才能有更多时间去展现自我，探索未来。

☆ 急功近利的流行文化

很明显，少女杂志也没有手下留情，杂志上总是充斥着无穷无尽的评论，讨论如何成为成功女性，如何让形体更为优美、让肌肤更加美

妙。在某杂志上，读者看到的是一篇长达两页的"男孩最爱发型"，里面细数了最受男孩欢迎的女生发型。

名人和电视真人秀也给少女带来压力，这些节目总在宣扬"赢家通吃"的理论。学习新事物的欢乐和兴奋被急功近利的态度淹埋，她们追求的只是占据一个更高的地位。如果你能静下心来观察，就会发现她们在每个方面都要互相评比。桑迪（14岁）在评价学业时说道："我没有所谓的学习障碍，但我的成绩并不突出。"对青春期少女来说，追求完美和受人欢迎可不是件小事，她们会为此穿紧身衣、耍酷、努力学习，但这些很少能帮助她们树立内心的自尊感。那么，究竟是什么令她们如此压抑？

女孩们想要获得"这一切"，首先需要一个良好的导向图，这份导向图必须罗列出生活中的一切可能和挑战。此外，在"旅途"中学会享受也很重要。但这点很难实现，因为人们根本不重视，也不会将这个列为目标。相当一部分少女希望学校能教授她们更多的生活技能，帮助她们解决困难、赢得进步。"或许，学校应该给我们讲讲人际沟通的技巧，而不是枯燥乏味的算术法则，这个我们永远都用不着，"佩塔（16岁）表示，"所以，从情感方面开始学习可能效果更好，这很有学术性，是我们在成长过程中缺乏的知识。"

他们本应给我们更多自由，而且不用作业束缚我们。但他们以为是在帮助我们，其实更多时候表现出来的只是压迫。你去问问大家暑假都干了什么，十有八九的人都会说写作业或是为考试做准备。学业压力堆积如山，我实在是受够了。

——卡莉，16岁

☆ 两代人的世界

鼓励孩子和压迫孩子之间仅有一水之隔，但这种联系非常重要。青春期少女所追求的往往跟父母所期望的存在差异，这种差异经常让彼此间的关系变得紧张，但这也是成长的一部分。此外，商家和流行文化从各个方面着手，对女孩的生活施加影响，这点可以说是前所未有的。商家试图推广的价值观和目标，往往跟家长与老师的期望背道而驰。除非家长和老师能够意识到压力给孩子带来的影响，否则孩子们仍将寸步难行。

大人没有全盘了解青少年的人生和未来，他们需要更加深入地去了解，更多地跟女孩交谈，发现并欣赏彼此的不同，从而以更加积极的态度面对两代人之间的差异。

——阿兰娜，18岁

青春期少女敏感地意识到，自己的世界同父母年少时大相径庭，但大多数家长却忽略了这点，这也就使得女孩们怀疑大人是否真的能够帮助自己。"我们需要更多关注，或许我们更喜欢跟年龄接近的人吐露心声，因为年纪大的人无法理解，我们之间的差距太大了。"密西（15岁）说道。同为15岁的艾希莉也有同感："人人都要找工作、考资格证、交男女朋友、开展自己的生活，这都是个人的事情。要知道，生活不是用来比较的。"这代表着相当一部分人的心声，"我喜欢他们去比较，"桑迪（14岁）咧嘴微笑着，"无论他们怎么比较，都不会有结果，所以放松就好。"

我觉得我们的压力比父母那时候大得多，无论是找工作、打工挣钱或是在学校打拼。

——卡莉，16岁

有趣的是，现在的青少年很难理解父母的少年生活，因为两代人的世界有着天壤之别。"我们很难了解过去的生活，"阿兰娜（18岁）说道，"我不知道什么地方被改变了，因为我不了解。"少女们知道自己面前的是怎样的世界，她们也因此希望被倾听。"再不想被当作孩子了，也希望自己的观点能被采纳，有时候大人也应该学着去信赖我们，毕竟我们即将长大成人。"

毋庸置疑，成人的确拥有更多的人生经验，但少女们也有自己的新技术武器。父母与其力争控制权，不如想方设法参与其中，帮助女孩们解决父母也未曾遇到过的问题。大人们应该让姑娘们意识到自己的力量，帮助她们构建未来。对抗气候变化的社区活动就是一个例子，该活动激发女孩们的力量，动员她们参与更多行动，最终让她们得到的不仅仅是个人的荣誉，还能增加她们所期盼的归属感。

☆ 妈妈不要过度干预

在帮助女儿探索人生的过程中，母亲往往扮演了关键角色。但有时，母亲会在无意中过于鼓励女儿抓住机遇，这只是因为自己很难拥有这种机遇。其实，对孩子最大的支持就是帮她们找到自己真心向往的事情是什么。对多数女孩而言，是否要定下一两个固定目标其实无关紧要，几个志向并存也很正常，这些都会随着时间的变化而改变。这就意味着，支持孩子也得根据现实情况而定，要让她们明白，人生之路难免会有挫折。

毫无疑问，青春期少女需要人生导航，但家长往往会过度指导。尽管女孩不想让大人失望，但她们与同龄人的关系才是最重要的，家长要明白这点。如果家长逼迫得太紧，女孩就有可能彻底倒向朋友一边。虽说青春期少女比儿童成熟得多，但她们却会对朋友和家庭关系更加敏感，也格外关注身份和未来走向。她们需要归属感，也因此会被同龄人吸引，因为朋友更理解自己。跟父母相比，同龄人关注的往往是相同的问题，朋友能给彼此提供更多帮助。"如果我说'别人都在外面玩'，妈妈会说'你又不是别人'，事实上我跟'别人'存在某种联系，"桑迪（14岁）说道，"我要跟他们一样，绝对不能做异类。"没有哪个女孩想被孤立，她们还会从不同的角度看待"公平"一词的概念，明智的父母往往会花时间认真聆听并进行解释。

☆ 青少年关心父母的想法

或许青春期少女看起来一个比一个酷，但家长们绝不能只从表面看问题。女孩们在其行为背后，其实是在拼尽全力地想要长大。她们希望父母为之骄傲，但又羞于无法实现。"大人们不明白，"惠特尼（18岁）解释道，"父母观念保守，我们无法满足他们的期待和标准，因此令他们失望。事实上我们根本不可能跟他们一样，毕竟时代在变化，现在跟20世纪五六十年代完全不同。"女孩和父辈之间很难达到平衡，但我们相信，一旦家长发现并能欣赏新兴一代的优点，一定能更好地理解女孩们的期望和关注焦点。

鉴于青春期孩子面前的选择和自身期望的复杂多变，她们需要的是积极鼓励，如此才能发展独特的自我意识，避免沾染在媒体中随处可见的浅薄。一旦女孩们开始明白"我是谁"，明白自我发展所需的特质，那么无论在哪种情况下，她们都能从容面对，做出明智的选择。

物质女孩知多少

流行天后麦当娜的单曲《物质女孩》（*Material Girl*）一经推出，商家和媒体就对女性追求财富的行为进行了大肆宣扬。在数十年后的今天，新一代物质女孩们拥有的金钱和财产是以往任何一个时期的女性都无法比拟的。在仔细考虑过钱财的意义和用途之后，女孩们开始利用课余时间打零工、挣补贴，她们知道怎么去支配口袋里的钱；当钱包入不敷出时，女孩们也不慌不忙，她们也知道该怎么说服爸妈来补足资金缺口。以前，男孩们往往零用钱更充足，但现在的女孩已经明显有超越之势，这也是为何广告商们铆足劲去吸引她们的原因。

跟其他年龄群相比，青春期少女是最常去购物中心的一类人。

女孩子喜欢购物，购物中心更是她们的头号目标。许多姑娘一周至少逛一次街，每次都会花掉数小时的时间，这种事很常见。跟其他年龄群相比，青春期少女是最常去购物中心的人群。少女们把商场比作理想国，那里拥有她们希冀的所有东西。"当我看着这些店铺时，我脑海里徘徊的只是'有朝一日我要买这个'，尽管我知道'有朝一日'永远也不会来，因为我买不起，我不可能花100美元买条牛仔裤，但这种想法令我愉快。"桑迪（14岁）告诉我。姑娘们在购物中心徘徊，然后在逛街、看电影或是享受美食和闲谈中迷失自我。

商场可能是女孩们抛下重负、尽情释放的仅有的几个地方之一，佩塔（16岁）表示："从某种意义上说，购物就是放松，随意走走还能看到新东西。"尽管大多数东西都在少女们的支付能力之外，但她们丝毫不在意，只要看看这些向往之物就够了。"我喜欢欣赏新衣服，然后告诉自己以后来买。"伊薇（15岁）解释道，"起码有个期待，每次逛街我都告诉自己'有一天一定要穿上这件衣服'。"

当不被社会认可或是接受时，青少年们会产生孤单、困惑、绝望的心情，她们就像跌跌撞撞的幼儿一样容易受到伤害，但她们又有自由支配的金钱，这样就很容易成为广告商们的"盘中之物"。

——詹森·克拉克，工作思维集团（Minds at Work）

购物中心本身就能给顾客提供一套完整的服务体验，如此一来，女孩们就无须去其他地方了。"我非常喜欢去（商场），走走停停，再聊聊天，还能看看喜欢的东西。"乔伊（16岁）说道，"这里什么都有，电影、美食乃至球场，我们每周都会在这儿花上两三个小时，很多业余时间就花在这里。"女孩们有个地方放松娱乐固然很好，但逛商场成为每周必备的活动，这就不得不引起我们的注意和思考了。女孩们再选择在商场的电影院看个电影，四五个小时就会在弹指之间流逝。

我喜欢逛街，即使是随便看看。什么都不用想，就是四处乱逛，我爱买小首饰和那些可爱的女孩用品，喜欢同朋友分享。然后跟朋友吃点东西，有时候一天都会花在那里。

——艾希莉，15岁

☆ 温柔的陷阱

女孩们到底都买了什么？衣服排在首位，然后是鞋子、CD或者唱片、美食、饮料和杂志。从太阳镜到洗发水，少女杂志总是不厌其烦地给女孩推荐商品，鼓励她们"穿衣就是为了使人印象深刻""增加对自己的投资"，大肆宣传这些思想。

"你知道哪儿能买到最热门的东西，因为到处都是，"乔伊（16岁）说道，"世界变化太快，你不必为追不上潮流而烦恼，尤其是还要花很多钱，而且那些时髦商品会在几个月以后过时。"

很多公司每年在营销活动上投入上百万的资金，只为了跟青春期少女构建和谐融洽的关系，其最终目的在于捕获新一代人的品牌忠诚度。杂志无疑是建立顾客忠诚度的利器之一，当你拾起一本杂志，广告数量一定会令你瞠目结舌。这在营销学上叫"关系营销"，跟潜在客户维持良好关系能带来巨大回报。因此，广告商们都喜欢发免费样品，还喜欢邀请姑娘们发短信或邮件发表意见。

☆ 触及底线

女孩们面前的选择实在太多了，所以给她们做营销其实并不容易，但如果操作得当，这无疑是一笔不小的财富。目前，许多公司都会邀请专家做顾问，其中从动画设计师到儿童心理学家，事无巨细、面面俱到，以确保自己在市场上能立于不败之地，努力抢占市场份额。一些家长甚至同意文化人类学家进入女儿的卧室，他们会详细记录墙上的海报信息，记录女孩使用的化妆品名称，甚至观察女孩们的书架和抽屉。还有些公司专门雇用女孩"监视"同伴，报告她们的喜好。

我和朋友们都在利用课余时间打工，只有这样才能挣钱出去玩，才能去购物。

——伊薇，15岁

聊天室营销[1]和病毒式营销[2]都是商家吸引客户的手段。手机购物异军突起，许多商家开始直接同少女们联系，让她们通过手机参与杂志、电视真人秀上的活动，给她们提供优惠券。青春期少女完全不是"骨灰级"[3]商家的对手，很快就在各种营销活动前丢盔弃甲、一败涂地。为了扩大青少年市场，维京通信公司通过手机杂志投放广告，女孩们则手持打折广告让家长给自己换手机。这种营销活动的英明之处在于，一旦女孩们获准买手机，那么到底买哪款就是后话了。

有的广告酷极了，你会忍不住把它剪贴到墙上，真是太棒了。

——乔伊，16岁

品牌商们利用各种各样的方式让女孩们在同伴中推销商品。近来，可伶可俐（首个致力满足青少年肌肤需求的护肤品牌）推出了一项名为"下个美女记者就是你"的活动，胜出者会有机会走访人群，畅谈"肌肤问题"，还能采访专家和明星。王薇薇曾打出一款在我看来更像是才艺比拼的广告，该广告旨在寻找一位"时尚公主"，胜出者将佩戴王薇薇设计的王冠。广告鼓励少女们在Vera Wang网站上下载免费赠品，赠

1　聊天室营销是网络营销的一种模式。聊天室是网络社区最主要的形式之一，商家在此推出的营销被称为"聊天室营销"。—— 译者注

2　病毒式营销是依据用户口碑传播原理而进行的网络营销方法，常用于进行网站推广、品牌推广等。这种营销方法可以像病毒一样迅速蔓延，从而成为一种高效的信息传播方式。—— 译者注

3　"骨灰级"是一个在网络世界频频使用的名词，其言外之意是很有水平，资格很老。——译者注

品包括"公主装"电脑墙纸、换装游戏以及即时消息等。

广告会宣扬穿什么，怎么穿，这个好还是那个好。然而他们还会说："但也要尊重人们想要成为的样子。"好吧，那么我们该怎样选择呢？

——凯尔西，16岁

没有人想把少女们锁在家里，也没人阻止她们取得丰富的人生经验，问题在于现有的消费文化在不断侵蚀女孩成就自我的机会。一打开电视，一翻开杂志，各式各样的"模特"就来指导她们如何穿衣打扮、如何行为举止，从穿什么、喝什么到用什么，可谓事无巨细，全部安排。鉴于"酷"的含义时常改变，少女们总要保持高度关注，以防落伍。切尔西（18岁）这样说道："我喜欢在衣柜挂满衣服，但一切都在变化，总觉得自己跟不上潮流，'女人的衣柜里总缺少一件衣服'。"

事实上，女孩们需要明白两件事：第一，这种持续消费会给自身以及我们的星球带来什么；第二，每个人都是特殊个体，自己到底能给家庭、学校和社会做出什么样的贡献。

时尚在发生日新月异的改变，比如，在我还没想好要不要穿铅笔裤时，这种裤子已经在杂志、电视上出现，大街小巷到处都有穿的。然后我就不能穿喇叭裤了，因为这不"酷"，我被铅笔裤牢牢地抓住了，还要对别人说，"瞧，我有5条铅笔裤。"这一点儿也不夸张。

——基拉，17岁

☆ 不随大流＝自杀式社交？

青春期少女对"印象"一词分外在意，她们认为恰当的外形和态度非常重要，自己必须跟同龄人看一样的电视秀、听同样的音乐。一名

16岁的女孩告诉我，不随大流走简直就是"自杀式社交"。此外，我们生活的世界如此变化多端，今天你还可能站在顶端，但或许一夜之间就被取代，一直保持良好的形象固然很累，但许多女孩认为自己"别无选择"。随大流让温室长大的花朵们有归属感，但这样她们很难真正去发现自我。

女孩们对自己的外表感到失望，认为自己"不漂亮，又胖，离不开化妆品"。她们改变个性，加入"酷族"，因为人人都爱酷小孩。

——莉莉，13岁

女孩们在外貌体形、言谈举止上的压力不仅仅来自同龄朋友，来自父母双亲的影响也"功不可没"。跟大人相处时，少女们总是试图让自己变得自信，因为她们知道这是家长和老师希望和喜欢看到的。女孩们知道自己终将长大，她们害怕自己会辜负大人的期望。

☆ 金钱能买到幸福吗?

女孩们肩上的压力在持续增长，她们中的不少人认为如果抛却目前所拥有的，自己就什么都不是。心理学家们非常关注这点，他们一直在强调，金钱买不到人心和幸福。持续消费不仅会让人上瘾，还会剥夺她们自主解决问题的机会，让她们忽视自我的成长。我们不可能永远站在成功的位置上，也不可能永远成为关注的焦点，生活总是充满挑战——但这些总被少女们忽略。此外，一个家庭奉为圭臬的价值观也在影响甚至左右着女孩，如果家长想要女儿有所表现，首先得以身作则。

当我们被女孩们表现出来的自信所迷惑时，往往会忘记其实她们仍在探索自己的人生，这也是为什么她们总是更关注杂志上的生活类文章，而不是娱乐类消息。广告商对这点心知肚明，所以青少年杂志上总

是充斥着各种打折信息、赠品和奖励措施。根据英国市场研究公司敏特公司的调查，4/5的青少年都在阅读杂志，他们在便利店乃至杂货铺就能买到全套杂志。从根本上说，看的人越多，消费成瘾的人就越多，比起其他年龄群，广告商们显然更青睐青少年群体，因为他们总能影响家庭购买意见，尤其是数码家用设备，比如计算机。科技发展越来越快，许多家长都赶不上时代的步伐，越来越多地依靠孩子上网查询。这就促使我们的生活转向消费模式，为改变这种境况，家长应当给女儿展示其他更有意义又有趣的生活方式，让她们参与各式各样的活动。当然，这些活动一定不能包括购物。

穿什么衣服，用什么手机，听什么音乐，这就是（我们这个圈子的）全部。

——乔伊，16岁

这里并不是说应当限制消费，只是我们需要思考女孩们是否一直在被消费控制。受雇于大公司的心理学家对她们的弱点和喜好可谓是了如指掌，他们的作用就是确保发出的产品信息能直击目标。青少年杂志与其他杂志别无二致，都是为了推销商品。一家畅销杂志社的编辑坦承，自己的工作就是鼓励青少年读者"购买废物"。

令健康专家们担心的问题是，青春期少女认为只要有钱，只要能买到合适的产品，生活中的任何挑战都能迎刃而解。"'还不够好'演变成'还不够酷、瘦或美'，"某机构研究人员詹森·克拉克指出，"'你拥有的还不够'演变成'你拥有的朋友、衣服或技术还不够'，'每个人生活得都比你好'意思是你现有的爱情、娱乐或聚会太少，除非你买'我们的产品'，才能有所改变。"

☆ 被广告侵袭的校园

商家不仅通过杂志和电视向姑娘们伸出魔爪，同时，广告和各种公司赞助现已成为学校生活的一部分。商家运作非常到位，他们向9~10岁的小女孩出售产品，然后跟她们保持联系，这样孩子成长到十四五岁时就成为其忠实的用户群。品牌忠诚度极具含金量，忠诚的客户会心甘情愿地试样品、掏腰包，抵抗其他产品并向朋友推荐。此外，当学校活动出现资金短缺时，公司赞助就会派上大用场，公司产品继而就堂而皇之地出现在青少年的世界里，现在学校的赞助商甚至包括一些矿业公司和汽车制造商。美国安利为高中学生提供工作机会，还给他们开办讲座，讲座的课题从农业到商业研究，内容相当广泛。一家石油公司表示，只要学校活动跟"公司的营销和零售计划有关"，公司就会提供"教育贡献与资助"。

营销专家林赛·费德指出："公司迫切希望能靠近消费者，学校还没来得及被泛滥的广告侵袭，所以广告更容易在这里脱颖而出，怎样才能在这种熟悉又值得信赖的环境里吸引'未来消费者'呢？世上没有免费的午餐，我曾目睹过一个'免费'赠书活动，所有赠书都需要用一种燕麦盒上的标志来兑换。"

悲哀的是，学校给学生使用的诸多产品是否有益很让我们怀疑，举个例子，从几年前开始，学校开始用软饮料[1]代替牛奶和开水。此外，美国针对9~19岁女孩进行了一项调查，结果发现，10年间女孩们的饮料消费量增加了整整3倍。事实上，软饮料喝得越多，肥胖症和蛀牙率就越高。

---

1 软饮料是指酒精含量低于0.5%"质量比"的天然的或人工配制的饮料，又称清凉饮料、无醇饮料。—— 译者注

美国M&M彩虹糖就曾进入过数学课堂，现在甚至有M&M数学教学模块：在某个练习中，学生被要求构建"糖果图"，秉行"只溶在口，不溶在图"的宗旨，老师鼓励学生"通过M&M彩虹糖的颜色分类并数数，将数据记录在图表上，然后一点点地吃掉"。对商家来说，还有比这更美妙的事情吗？一家教育咨询公司向顾客大力推荐学校营销，鼓励他们抓住机遇，因为"其他营销商尚未瞄准这一市场"。因此，尽管青春期少女们拼命想发现自我、发掘未来的生活，但是商家们总在迫不及待地推出各种让她们无法抵挡的活动，试图让她们从口袋里掏钱购买自己的产品。如果想终止这种情况，首先得端正学校的资金来源。

☆ 少女援助交际[1]

"消费"一词几乎出现在少女生活的方方面面，她们关注的焦点永远放在下一个包包或是鞋子上，这种对实物的偏爱可能会带来无法预期的后果：一些女孩为了购买奢侈品而出卖身体，她们中有相当一部分甚至是来自中、上层阶级家庭，而为她们拉客大开方便之门的正是网络和手机。

许多孩子谈起Gucci、Chloe和巴宝莉这样的奢侈品牌，就跟吃饭、喝水、闲话家常一样普通。

——艾丽萨·夸特，作家

来自东京的专家福克托玛认为，参与援助交际（接待男性顾客，并按时间收费，往往伴随性交易）的女孩通常比较冲动又孤单，同时缺乏

1　援助交际，简称援交，是一个源自日本的名词，最初指少女为获得金钱而答应与男士约会，现在援交伴随性交易。—— 译者注

自我约束力。这种色情泛滥的文化非常重视外表和衍生物[1]，主要是利用某些男性对年轻女孩的猎艳心理，其中以日本、韩国和中国台湾地区最为突出。福克托玛教授在研究中发现，参与援助交际的女孩主要是受到媒体和同伴的影响，她们对自己的"价值"非常清楚。在日本，"纯真"的在校女学生最值钱。联系人通过网络或手机分派"任务"，女孩们则通过视频选择想要接待的客户。目前，日本希望通过立法来整治这种问题，但成效不大。

无独有偶，宾夕法尼亚大学教授理查德·艾斯蒂斯曾在美国、加拿大和墨西哥进行了一项长达3年的研究，主要针对未成年卖淫案件，结果令人吃惊不已。涉案青少年不仅仅是那些无家可归或是穷困潦倒的孩子，一些来自富裕家庭的女孩也会在家长外出时参与卖淫，只为了挣钱购买名家设计的衣服和首饰。这种现象在美国逐渐呈现递增趋势，联邦调查局正在问题最严重的十几个城市展开调查。对这些女孩来说，性关系就是一种纯粹的交易，她们有意选择那些穿着讲究的男士，因为他们支付的价格更高。一旦完事，这些女孩就会从容回家，装作什么都没发生，即使是最好的朋友也被蒙在鼓里。

在我认识的女孩里，就有一位为了LV包包出卖自己。

——戴尔，18岁

女孩们为了名牌商品出卖身体并不能得到解脱。她们认为，如果没有最新季度的衣服搭配，没有最时尚的首饰装饰，自己就什么都不是。当我们纵容她们有这种想法时，其实就是在毁灭她们独特的自我意识。想要扭转这种毁灭性趋势，少女们就得更加了解媒体。此外，如果我们

1　这里的衍生物是指金钱、服装、饰品和食物等物质享受。——译者注

的女孩懂得更多的公平交易原则，她们可能就会在持续消费中少受一点儿伤害。

其实，新兴一代在进入青春期之前就已经"购物成瘾"，一个家庭的消费观和消费频率会在很大程度上影响女孩的消费态度，少女们自然而然地把衣服当作展现自我身份的必要条件。我们应该让少女在旧衣服和首饰中寻找乐趣，打退商家们的营销攻势，促进资源循环利用。我们应该激发姑娘们的创造力，鼓励她们对旧衣服DIY（自己动手），让她们勇于表达自我。此外，"一进一出规则"同样能够促进资源的循环利用，培养正确的消费观：每买进一件裙子或是帽子，就让她们放弃一件原有衣物，让她们意识到自己究竟该拥有什么，究竟需要什么。鼓励少女培养时尚分辨能力，制订长期购物计划，凸显自我个性，避免成为"时尚奴隶"。学会衣服缝补和改造也是个好方法，找些纽扣或是简单的珠子就能让牛仔裤"与众不同"，穿出自己的个性风格。作为成人的我们要与广告商们斗智斗勇，帮助孩子们对抗消费诱惑和压力。女孩的自我表现方式应该不拘一格，我们应当积极地与她们沟通，让她明白，个人的价值是无法建立在裙子或是手提包之上的。

热衷于整形的女孩们

和历史上任何一个时期相比，如今的新兴一代女孩们无疑拥有更为强烈的外形意识，她们没日没夜地面对广告、电视和名人秀，而这些都在不遗余力地向她们证明"形象就是一切"。其实，这只是从狭义上解释了"美丽"的含义，一旦少女们认可了这一狭隘观念，她们就很难正视自我。乔伊（16岁）表示："身材要苗条、衣服要合适……层出不穷的要求让青春期少女压力倍增，就我个人而言也不轻松。"卡莉（16岁）认同她的说法："我们都在审视彼此，外表真的很重要。"

人人都想变得更好看，都想交男朋友，都想身材更好。我们沉溺在丰胸、塑形和整理发型上。

——莉莉，13岁

一些女孩塑造"魔鬼身材"未果，就会寻求手术治疗：为了"脱胎换骨"，她们会尝试许多方法，如隆胸、腹部整形、垫下巴以及隆鼻抽脂等。如今，女孩们甚至可以通过在线咨询得到想要的信息，许多网站设定了"绿色通道"，整容竟然变得跟买衣服一样普通。这些网站都打出了诱人遐想的口号，让人们相信，美好的外形等于更好的未来。

这里有一个例子，一家整形网站mybodypart.com为顾客提供免费整形软件，顾客可以通过软件塑造自己的理想外形；其他网站则让客户

列出自己的"整形清单"，打出诸如"美丽外形，快乐人生"的口号，然后提供大量美女图片，这些"人造美女"无一例外地被俊男环绕，仿佛在强调做过整形手术就会拥有美好的未来，就会吸引更多的异性。通常而言，整形医院的首次咨询都是免费的，从付费情况到手术前后的效果，消费者可以事无巨细地了解所需信息。

几乎在一夜之间，对身体做一个终身性的改变，的确对少女有很大吸引力，尤其当她们对自己的定位还不够明确时。

——艾丽萨·夸特，作家

多重手术目前很有市场，这种手术可以同时达到丰胸和隆鼻的效果。许多家长给女儿的生日礼物或是奖励措施就是隆胸和抽脂手术。

☆ 母女同在刀尖上跳舞

一些母亲和女儿选择一起进行手术，一位著名整形外科医生就在网站上晒出视频，邀请网友观看一对母女的"整形图"。有时候，语言跟图片一样"诱人犯罪"，一家网站的标语就是"在刀尖上跳舞其实很美，跟你爱的人一起改变，一起康复，一起庆祝美好瞬间"。

传统意义上的母亲扮演着养育和保护女儿的角色，帮助她们塑造积极独立的自我意识，我们很难想象分享整形手术能带来这种效果。通常而言，女儿进入青春期时，正好是母亲的异性吸引力减退的时候，这就是所谓的"当青春期遇上更年期"，这种时候更需要谨慎相处。"现在，无论是哪个场合，大多数目光都会放在女儿身上，没有人注意我，这种情况让我不知所措，"杰西卡（45岁）说道，"我想保护她，我觉得她还没有准备好成为众人关注的焦点。与此同时，我却失去了别人的关注。"

随着整形外科揭开那神秘的面纱，青春期少女逐渐成为整形市场的目标群。包括《美丽起义》（*The Swan*）和《改头换面》（*Extreme Makeover*）在内的电视真人秀试图给整形手术塑造一个安全正常、没有风险的形象。最令人惊恐的是，电视真人秀在推广整形手术时，总是向观众传递这样一个潜在信息：改变体形的最佳途径就是把你不满意的部位割掉，再改装成你喜欢的样子。这种论调很少提及手术可能带来的疼痛和不适，更不用说可能造成的心理影响。有了这种节目，我们很难怪罪女孩们盲目相信整形手术能解决她们的烦恼，以及相信自己能收获渴求的爱情和关注。

如今的年轻一代令人愕然，除了消费不知其他，只在乎胸围，根本不在乎银行账单。

——艾丽萨·夸特，作家

越来越多的名人开始整形美容，这就在无形之中给少女们造成这样一种观念，即美好的身姿等于成功，铺天盖地的广告和杂志文章更是不遗余力地加深了这种想法。"有了事业线就能成功，"15岁的詹娜·富兰克林强调，她希望16岁的生日礼物是丰胸手术，因为"电视里的每个人都隆过胸"。

☆ 我也想要"明星脸"

除了整容塑形，青少年们还希望跟别人保持一致。致力保护儿童权益的组织Children Now曾进行过一项调查，有2/3的女孩表示自己想跟电视里的某人一样；剩下的1/3表示"想有她的鼻子或是眼睛"。莎（19岁）曾扬名于电视真人秀《我需要明星脸》（*I Want a Famous Face*），公开承认自己参加节目就是为了接近帕米拉·安德森，还表示自己希望

能步其后尘，上《花花公子》封面，成为女演员。"我喜欢成为焦点，为此我可以付出一切，这样我也会更爱自己。"为了转移女孩们的目光，我们必须找到一些有趣又时髦的方式，让她们在媒体、网络、家庭和学校展现自我。与其同大众媒体分庭抗礼，不如利用媒体达到理想的结果。

我曾经默默地祈祷胸部变大，后来就会想：做个隆胸手术会怎么样？

——詹娜，15岁

☆ 心理影响

*Bliss*杂志曾针对10~19岁少女做过一项调查，超过3/4的14岁女孩承认，自己曾经考虑过整形手术。一般情况下，女孩们都抱着对未来的期望接受整形手术，但鉴于少女整形技术尚未完全成熟，能否维持长期效果还有待考察。尽管她们在手术前会接受一些心理测试，但目前的测试都源自成人标准，并不是很权威。曾经有机构在2000名做过隆胸手术的女性中展开调查，调查结果很不理想，这些女性术后表现出来的自杀倾向是普通女性的3倍之高。

我8岁的时候就有心理障碍，我觉得自己不讨人喜欢，甚至给圣诞老人写信（这是得到礼物的唯一方法），希望他能给我抽脂。

——莱茵，16岁

专家们高度关注的还有，青春期少女的身体尚在发育中，此时接受整形手术是否会出现问题？国家女性和家庭研究中心主席黛安娜·朱克曼指出："越来越多的数据表明，18~21周岁的女孩体重会增加，使得她们对隆胸术和抽脂术的需求增加。"

跟上一代人相比，女孩们的问题在于"审美过度"，在电视等媒介的宣传下，普通女性的身体变得"不正常"，即使是美丽的成年女性都常常缺乏自信。当然，少女们很少关注这点，她们只是想要"美丽迷人"，让自己更"受欢迎"。其实，改头换面并不能从根本上带给她们自尊感，电视、杂志以及网络的那些有关整容塑形的信息也并非很有参考价值，但女孩们常常在这些地方寻医问药。

商家可能不太喜欢求同存异的社会文化，他们更倾向于在电视上塑造千篇一律的美女形象，当然，我们大多数人都不符合他们打造的荧幕模式。毕竟，生活的美好来源于其多样性。或许，我们应当跟少女们做一个小小的演示，告诉她们不同文化、不同历史时期里的美好女性形象是什么样的，让她们明白"美丽"是一个主观而多变的概念。同样，我们要在职业教育和生活教育问题上保持平衡。

在理解并欣赏性格、语言与形象多样性方面，女孩们还需要诸多帮助，我们应当多多借助广告商经常使用的伎俩——运用朗朗上口的标语让女孩们认识自我、了解他人。我们要赞美所有的女孩，无论她们是瘦是胖、是美还是丑，理想的方法是让孩子自己组织活动、设计广告、表达思想。关于体形问题，社会上有很多负面情绪甚至导致女性产生自我厌弃心理。为了自己，也为了我们的女孩，成人首先要端正自己对体形和外表的态度，然后才能鼓励女孩们正确认识自我。

愈演愈烈的减肥狂潮

亭亭玉立的模特们让女孩们消极自卑，少女杂志更是火上浇油，一页又一页的广告在不断彰显着"倾国倾城"的概念，源源不断的文章用挑剔的口吻对明星的发型、妆容、衣装和体重一一评判。编辑萨拉·欧克斯把《女友》杂志比作"女孩的生活指南"，还邀请读者们参加民意测验，投票决定只穿一只袜子是不是"绝对前卫"。另一本杂志则将目光投向名人"受害者"，探讨某个明星"剽窃"他人风格，或是哪些明星正在长痘痘。

人们过于关注完美体形和完美的外表，这种事已变得司空见惯。

——桑迪，14岁

女孩们对细节高度关注，因为她们迫切希望变得完美。"我喜欢看杂志，当你发现名人也会出糗时，心里会舒服一些。"基拉（17岁）承认道。

讨论别人的外貌不是件好事，"肥胖"是最容易招致中伤的因素。

——曼蒂，16岁

无论是去看电影还是购物，无论是外出还是参加聚会，女孩们对每一个细节都不放过，她们知道自己绝不能有一丝瑕疵。这种压力甚至贯穿了整个青春期，迫使她们研究每一个保持领先的秘诀。"如果你的朋友又胖又逊色，你就会产生一种莫名的优越感，"乔伊（16岁）承认，"因为这种奇怪的满足感，你会去跟她多多接触。"

☆ 杂志的负面效应

骨瘦如柴的模特和饮食失调病症之间的关系越来越明显。一项调查表明，那些不爱看广告的女孩与经常收看电视节目的女孩相比，显得更加自信、更加快乐，自信感最薄弱的往往是那些最关注外貌的人。广告的目的在于，凸显观众的不足，许下虚无缥缈的承诺然后卖出产品。一个有趣的现象是，许多治疗饮食不调的诊所从不允许八卦杂志出现在等候室里，他们知道，这种杂志会给孩子们带来负面影响。

☆ 没有最瘦，只有更瘦

女孩们不仅沉溺于外表，她们也不能正确地估量自己的体重。研究表明，多数女孩认为自己比理想体重超重10斤，这种想法只会让事情变得更糟糕。一个女孩表示："我总觉得自己比朋友们胖，总有那种'比她胖一圈'的感觉，其实大家的体重都差不多，我可能还会轻一点。我无法长久地注视镜子里面的自己，我的视觉甚至会扭曲。"女孩们要克服这种负面的自我意识，这点很重要，否则很可能导致不良的饮食习惯，乃至滥用药物和酗酒，出现心理健康问题。

如今，模特的体重比一般女性的体重平均值轻23%。而在介于18~34周岁之间的年轻女性中，只有7%的人天生丽质，体态窈窕；只有1%的人天生就是衣架子，可与超模一较高低。"体形让我们苦恼不已，"惠特尼（18岁）说道，"流行文化让我们一塌糊涂，很多孩子患

有饮食失调，这种病症还在呈现低龄发病趋势，漂亮女孩都会对自己失望。"

最坏的情况还不止这些，人心易变，对外表的追求永无止境。谢天谢地，不是所有的女孩都对自己不满意，一些孩子对体形有自己的观点。"健康的人最有吸引力，我已经不想再安慰那些说自己胖的人了，"碧（16岁）无可奈何地表示，"我再也不想听到别人抱怨节食没有效果。"

女性杂志总将焦点放在沙滩、爱情和各种聚会上，这在无形之中给人们带来压力，许多女孩被类似信息彻底洗脑，她们并不认为"变瘦"来自外部压力，"更像是自己觉得自己很糟糕，"乔伊（16岁）说道，"并不是周围人让你有这种想法，你只需环顾四周，然后就会自己给自己加压。当你看到那些苗条的姑娘穿上你喜欢的衣服，然后你会想'这是我想要的'。"姑娘们有权了解这种压力来自何方，也有权知道是什么"操纵"自己去购买；她们需要弄清广告的真实含义，了解广告到底想要做什么。

> 5岁的时候站在镜子前，我觉得自己很胖，然后6岁开始节食，好几天里除了水果什么都不吃，然后我变得非常"虚弱"。妈妈当时也在调整饮食，我们家看不到一点带脂肪的食物。
>
> ——艾丽格拉

☆ 来自父母的影响

毋庸置疑，克制食欲的模特和骨瘦如柴的名人是引发少女问题的诱因之一，但研究发现，母亲对自身体形的看法也会对孩子造成影响。*Bliss*杂志曾在2000名10~19岁的罹患饮食失调的女孩中做过调查，调查结果显示，90%的孩子表示自己的母亲经常对体形感到不满，喜欢跟女儿探讨体重和节食，这无疑会对孩子造成影响。女性形体专家詹尼·欧迪尔认可这种看法，她的建议是："妈妈应该意识到言语和行为可能给孩子带来的影响——即使女儿只有6岁——这点极其重要。"无论女儿是否表现出来，她们都在内心深处渴望着母亲的爱意与肯定。

无论少女们表现得有多么自信，她们实则对周围的世界极其敏感，周围人的看法绝不是小事。父亲在女儿发掘自我意识上也扮演了重要角色，如果他们过于关心女性身体，女儿就会捕获这一信息，然后判断自己的体形是否惹人喜爱。社会工作者卡尔顿·肯德里克的建议是："在面对性感女性时，父亲一定得小心发表看法，要知道，孩子正在侧耳倾听呢。"生活中总是充满了各种机遇，但许多女孩没有机会抓住这些机遇，就是因为她们过于关注身体外形，从而迷失自我。此类问题越来越多，饮食失调协会研究员妮基·布莱恩特指出，给该协会打电话请求帮助的孩子数量"令人惊愕"，她认为这是媒体过度强调"瘦即是美"的原因。

这种苦恼使得女孩们失去了拥抱新人生的机会，她们不再享受快乐，不再外出游玩。一项针对10~14岁女孩的调查显示，1/4的孩子不愿意参加某些活动，她们只将目光放在外貌上，等她们长到15~17岁时，人数就增长到1/3。当貌似厌食症患者的模特们占据了广告牌和杂志封面时，理想和现实之间的界限就会混淆。少女们认为真实的女孩身体不正常，每时每刻都致力"改造"自我，希望自己看起来"正常一点"。

体重问题已经影响到女孩生活的方方面面。对于一些少女来说，沙滩休闲已不再是晒晒太阳那么简单，随着天气变暖，她们更担心在沙滩上自己的外表情况。为了达到理想体重，她们经常进行疯狂的体育训练、开展速效节食、服用泻药，采取任何可能有助于减肥的行为。杂志上充斥着各种节食法和减肥妙诀，谁来指责它们？

如果我们想让女孩树立强烈的自我意识，那么首先得让她们学会欣赏个体多样性，再让她们了解人的体形存在差异。而无论体形美好与否，无论胸部丰满与否，只要健康就是美的。父母在跟孩子畅谈彼此的身体时，切记不要就体形发表负面评论。当媒介和广告胡说八道时，我们更应该畅所欲言，发表自己的意见，只有这样，才能对抗广告带来的负面影响。

减肥减出厌食症

如今，饮食失调症席卷少女群体，甚至被视为青少年正常生活的一部分，几乎每个女孩的身边都有朋友或是同学患有饮食问题，这些病症不仅掠夺了她们人生中最宝贵的几年时光，而且有些甚至是致命的。在精神失常的相关病症中，神经性厌食症是致死率最高的疾病，患病女性很容易产生自杀倾向。

饮食失调真的很普遍，普遍到你都习惯了，事实就是这样。

——密西，15岁

我们需要精心部署，才能将患有饮食失调的女孩们从危险的边缘拉回来。鉴于这种病症在治疗的头一年里极易复发，女孩们需要得到父母、朋友的关心和支持。我们在克服厌食症和贪食症之路上还要面对两个挑战：如何面对"Pro-Ana"（支持节食）和"Pro-Mia"（支持多食）网站。厌食症康复者海伦解释说，女孩们可以从这两个网站上收获包容、找到归属，并实现"变瘦的愿望"。定期访问（这些网站），你会觉得像在参加精英俱乐部——尤其当"厌食症天生是种孤独的病症"——这样矫情的说法层出不穷的时候。之后就演变成某种竞赛——谁最苗条？"最瘦"的概念被阐释为"最好"，这些厌食症患者都不计一切代价地想成为"最好"的那位。

对正处于康复状态的女孩来说，即使是一些看似正面的网站也存在危险，它们关注的焦点永远都是"饮食失调难以克服"。近来，斯坦福大学的一项研究表明，经常访问支持节食网站的女孩，往往康复速度很慢，而那些谢绝访问的女孩则恰恰相反。

令家长和专家们担心的是，这些网站积聚了大量弱势少女，大肆探讨饮食失调给自己带来的痛苦、愤怒和困惑，从而加深了该病症在彼此身上的影响。女孩们正处于痛苦的深渊中，自然需要将感受表达出来，但问题在于这些论坛都是"一边倒"，未能全面地看待饮食问题。所以这些网站对少女厌食症患者甚至起反作用。

吃什么呢？选择一：什么都不吃；选择二：脱脂蘑菇汤和苹果；选择三：沙拉加脱脂干酪……这些等于500个仰卧起坐、200个踢腿、半小时舞蹈。

——网友TinyxTinks

☆ 有些厌食症女孩不想改变

支持厌食和支持贪食的网站将饮食失调看作好事，更将消瘦当作美丽的最佳表现形式，许多罹患厌食症的女孩并不想改变，她们想维持原状甚至更进一步，这种想法或多或少地表现出一种自我厌弃的情绪。女孩们在网站上晒羸弱的艺术照、吟诵顾影自怜的诗歌，庆祝自己体重减少。在这里，少女们高声谴责父母对自己的"控制欲"，表达她们对家长的愤怒，对自我的厌憎，以及对身体的危机感。"我讨厌自己的一切，一点也不喜欢……不顾一切地想变瘦，为此什么都能做……"安布尔表示。

不喜欢就离开，这是我们的生活方式，是我们的选择。向我咆哮无济于事，如果你想嚎叫、想发疯，那就自己去医院，让我一个人待着。

—— 网友Angelicana

如今，网络讨论云集，关于是否有必要减轻体重着实是众说纷纭，各抒己见。主流饮食不被当作健康饮食，甚至遭遇嘲笑讥讽；支持厌食的少女们为自己的"辟谷"[1]能力感到骄傲。一家网站甚至打出标语，号称"尊重自己，放下刀叉"；其他人则呼吁"无论结果如何，无论代价怎样，没有什么能阻挡我追求理想的脚步"；还有人叫嚣着"饥饿带来痛苦，但饿得有价值"。这些女孩正站在危险的边缘上，"我有意志力，但如果继续放任自流，我真的觉得自己会饿死……"艾米丽（19岁）说道，"再不想看那些无病呻吟的帖子了，都是关于'我今天吃得太多太多，我太太太胖了'。还有人跟我一样强大吗？"

☆ 最本真的自己才最可爱

一家支持节食的论坛设立了一个名为"渴望完美"的奖项，厌食症者要通过一种仪式来庆祝自己减肥成功："打开几个'代您瘦'或是类似的胶囊，将其溶解到装满纯净水的酒杯里（我们都知道水是人类的朋友，对吧？），然后像祭祀一样洒到地上……如果你不觉得恶心，还可以用血代替纯水。"

厌食网站会提供日记功能，女孩们可以详细地记录每天的食物摄入量和运动量，上传照片，以及分享如何靠一点点卡路里生存下去的经验。"今天，我喝了一点即溶食品（80卡），吃了一点泡菜（4卡），

---

1 "辟谷"是一个养生术语，即不吃五谷，而是食气，吸收自然能量。现代人食物丰富，吃得太多太好，辟谷是为了养生、排毒、美容、养颜，调理身体，解脱亚健康状态。—— 译者注

还有一根棒棒糖（30卡），然后早上骑车至少10英里，除此之外什么都不吃，最多再吃点沙拉或是其他热量低的东西。"一名女孩写道，她的签名是"我不够好"。

忍不住吃了几片水果，我觉得自己有罪，跟傻瓜一样，我得额外运动才能把这些减下去。

——网友pink_sparklygurl

通常而言，这些女孩对自己的情况了如指掌，她们也会通过自己的方式应付随之而来的后果。皮帕（16岁）建议道："呕吐之后立马漱口，然后喝点小苏打或者嚼个消酸片，可能会好一些。"女孩们在这些网站上学到很多东西，从而长久地保持厌食或是暴食，她们对如何应对家长和医生的盘问也了然如心。一些网站贴出大量模特照片，但绝口不提罹患厌食症最后死于器官衰竭的明星们。

大家好……一周禁食活动即将开始，欢迎加入！希望大家能跟我一起来，发送站内消息即可。

——某支持节食的网站

你很难想象这些女孩目前所处的境况，除非亲耳听到她们的心声。"厌食症让我无法拥抱生活，无法同家人和朋友正常相处，让我跟梦想、跟未来失之交臂。我的世界就是一个巨大无比的黑洞，里面充满了不确定性以及恐惧。我厌弃自己，这种情绪让我疯狂，让病情恶化，我的世界只剩下孤单与痛苦，这就是全部。"作家梅琳达·哈钦斯如是说。

你喜爱哪种运动？我本人很讨厌运动，但如果你有什么好的建议，有趣又着实有效的话，请告诉我。

—— 网友tryingzbher

对许多力求完美的女孩子来说，厌食症几乎是毁灭性的。无论是厌食症还是贪食症，当务之急是让女孩们把注意力从食物上转移出去，让她们变得忙碌，这样就没有时间去关注食物了。这里有几个秘诀，"打扫卫生吧——你的房间、厕所、汽车、宠物、鱼缸、垃圾桶，越脏越好，把它们通通打扫干净！"皮帕（16岁）建议道。家长只有努力了解女孩们面对的压力，帮助她们缓解压力，才能阻止生命之花枯萎；少女们要明白一点：人无完人，最本真的自己才是最可爱的。这一理念需要在日常的家庭谈话和对塑造少女价值观的时候明确传达出来。

厌食症患者的关键词是"控制"，这在少年时期被无限拉长，女孩们常常觉得自己唯一能控制的就是身体。在专家的指导下，家长要用温柔而有效的方式帮助女儿克服这种无助感，那么相信那些患有厌食症的女孩一定会有所缓解直至痊愈。

☆ 妈妈的帮助举足轻重

母亲在帮助女儿塑造自尊感方面扮演着重要角色，15岁的贝拉表示，在妈妈的大力支持之下，她在对抗饮食问题上获得了很明显的效果。"跟传统意义上的母亲不同，她就像姐姐一样，我们无事不谈，我的妈妈棒极了。"贝拉（15岁）告诉我，"我患有哮喘，4岁那年甚至一度停止呼吸，有3年的时间里我都要靠类固醇类激素药物生活，这让我变得很胖。之后妈妈就变身成营养学家，她跟我一起跑步，一起锻炼。她不仅是我的妈妈，更是我最好的朋友。"

许多心理学家不厌其烦地提出警告，饮食失调及相关病症都是不

93

正常的，伴随饮食失调症出现的往往是焦虑、抑郁和滥用药物。一个让我们喜闻乐见的消息是饮食失调并非不治之症，但可能导致心脏衰竭和肾脏衰竭等健康问题，重点在于尽早地采纳医生意见。罹患饮食失调的女孩常常否认自己的状况并拒绝治疗，尽管如此，家长仍需向专家寻求帮助。对一个家庭来说，青春期是青少年身心变化最为迅速而明显的时期，只有在各方支持之下，小女孩才能勇于说出自己的困惑——尊重和相互信任是解决问题的核心所在。如此一来，女孩们才能轻松度过青春时光，顺利长大成人。

少女的自我伤害行为

少女自我厌弃情绪不断滋生，自残自伤行为愈演愈烈。心理学家丽莎甚至将青春期女孩的自残行为称为"传染病"。尽管我们无从得知具体的数据，但估计大约有1/10的少女有过类似行为。跟我聊天的女孩们证实了这点，"传统观念以为，手腕完好无损就证明一切正常，其实大错特错！女孩们表示自己很好，其实她掩盖住了真相，只是你不知道。"桑迪（14岁）告诉我。

进入21世纪以前，自残行为远没有这样普遍。对此，媒体要负很大责任，是它们让孩子认为这是必须做的事。

——罗丝，心理学家兼学校辅导员

女孩们在谈起自残行为时非常随意，仿佛这就是青少年生活的一部分。"我的一位好朋友经常在午饭时间用金枪鱼盖子或者剪刀割伤自己，"密西（15岁）告诉我，"但她现在很快乐，这是一种表达成熟的方式。"15岁的伊薇坦称，她的一位朋友经常割伤大腿，但她的父母就不知道她的行为。当14岁的桑迪被问到女孩们自残的原因时，她说："我这个年龄的孩子，就想伤害自己，就想穿挂在橱窗里的衣服，就想要喜欢的一切，就想要那双鞋，就想要自己的妈妈变成另一个样子。"

我们学校可能有50%的学生割伤过自己，但很少有人展现伤痕。这

是一种心情波动，家里带给你压力，朋友跟你吵架，你会觉得这都是自己的错。

——莉莉，13岁

☆ 自我伤害趋于正常化

悲哀的是，自我伤害越来越趋于正常化，甚至越来越流行。"我没有这样做过，但我最好的朋友割过几次，因为她很生气。她的身体已经布满伤痕，所以我让她这么做，这应该是最好的解决办法。"塔尼娅（16岁）告诉我。

最性感的事情是，在有趣的地方刻上疤痕，或是弄一个有故事的疤痕。给自己的疤痕编几个引人入胜的故事，看看谁会为之倾倒。

——Karia

好奇的女孩们无须冒险外出，在家自学即能掌握自伤的秘诀——网上的素材数不胜数，从戴安娜王妃到科特妮·洛芙，女孩们可以了解各种关于自残的翔实细节。如果女孩们找不到这些信息，那么，她们也能发现克里斯蒂娜·里奇喜欢用香烟烫自己，而安吉莉娜·朱莉则穿着写有丈夫名字的白衬衫步入婚礼殿堂，不同的是，名字是她用自己的血书写的。女孩访问这些网站无异于登录"自残网"，她们会见识到各种血淋淋的自残手段，看到各种耸人听闻的自残日记，甚至了解到最年幼的自残者只有4岁。

对十三四岁的孩子来说，自残可能是件了不得的事，但对我而言，这只是小女孩才会做的事情。我觉得自残只是为了吸引他人的注意，也或许她们觉得烦恼也会跟着鲜血一起流走吧。

——惠特尼，18岁

☆ 女孩更容易伤害自己

男孩也会伤害自己，但只是极少数。一项针对15~16岁学生的研究表明，女孩自我伤害的概率是男孩的4倍之多。大多数女孩会选择割伤自己，但一些孩子沉溺于服用药物、烫伤或擦伤自己，然后还要拉扯头发或是撕扯皮肤，让伤口无法愈合，还有一些极端的做法是折断自己的骨头，尤其是手指指节。

家长们通常一无所知，因为女儿自会小心掩盖伤口，她们甚至在炎热的天气里穿长袖长裤。"我有个朋友喜欢伤害自己，"艾希莉（15岁）说道，"她在最热的时候穿长衬衫，即使伤痕已经消失了，她还会遮着。我觉得这是家庭环境导致的，朋友的父母离婚了——她无能为力。我觉得女孩们这样做是因为，她们需要做点什么来逃避现实。"

女孩们可以借助的工具可谓是五花八门，从剃须刀到小刀，从剪刀到玻璃，她们使用一切能找到的东西。当被问及自残的原因时，很多人表示是为了释放情绪、缓解痛苦，这包括来自抑郁症、焦虑症引起的糟糕情绪。"我有这种行为，每晚睡觉前都会划伤胳膊、大腿和腹部。我会把音乐开到最大，然后哭泣，我觉得'这是我的错，我要惩罚自己。'但这无济于事，我做的一切都只是徒增伤疤，而且让我看起来像个神经病。"17岁的米娅吐露道。儿童心理学家芭芭拉也承认："我把这看作一种释放机制，同时也是一种挫败心理。这种行为很容易被模仿，当一些女孩讨论时，其他女孩就在考虑要不要尝试一下。这几乎成了荣誉勋章，孩子们甚至通过这种方式来摆脱焦虑。"

自残行为通常伊始于青春期，受影响最大的往往是来自中上层家庭的缺乏自尊感的少女。她们中的大多数智力超群，还有一小半人表示曾经历过身体自残或性虐待。每个人都有痛苦、悲伤、愤怒的时候，但这些孩子无法正常表达这些情绪。萨斯承认："每次我感到愤怒或是焦虑

的时候，就会开始自怨自艾。"

我在13岁的时候就开始自残，但没有造成什么实质性伤害。我割伤过自己，也烫伤过自己，身上的伤疤从未愈合过……试图停止，但无济于事，尤其当悲伤或恐惧的情绪袭来，或是遭遇挫折时，我总会伤害自己。

——沃尔夫

☆ 情绪摇滚

为什么这些女孩要伤害自己？一些女孩子告诉我，朋友和同学之所以自残，是因为受到了情绪摇滚（传统重摇滚与个人情感歌词结合的一种音乐）的影响。桑迪（14岁）告诉我："情绪摇滚是我们这代的'大事'，带一点狂野风格同时又极其抒发感情，许多歌词呐喊着'我的生活糟透了'。"15岁的伊薇表示同意，"有个女孩沉迷于情绪摇滚，这种音乐非常抒情，非常沉重而压抑，不久，她就加入了乐团，并开始自残，这是情绪摇滚的经典模式。我认识的很多人都这么做——我周围可能就有十来个。"

我们这一代，很多人都不幸福，很多人。我觉得她们是中了情绪摇滚的毒，这种毒的表现方式就是"自我伤害"，这不是件小事。

——伊薇，15岁

经过长足发展的情绪摇滚偏好红黑色衣服，喜欢标新立异的打扮。情绪摇滚迷们不吝于表达情感，尤其倾向以泪水宣泄感情。我们很难对情绪摇滚的影响进行估算，但昆士兰大学的儿童和青少年精神科主任格雷汉姆·马丁教授指出，情绪摇滚的宣泄情绪与特立独行的风格和自残行为存在一定的联系。

我在与女孩们聊天时却发现这是一个不争的事实，15岁的伊薇告诉我："我们这一代，很多人都不幸福，很多人。我觉得她们是中了情绪摇滚的毒，这种毒的表现方式就是'自我伤害'，这不是件小事。"无论事实是否如此，一旦某个女孩沉溺于情绪摇滚，她甚至不惜为此同家庭决裂，这起码表明她在同某些棘手的问题斗争。

☆ 通过自残来控制生活？

自残行为给女孩们带来一种转瞬即逝的"控制感"，一些少女从中感到某种慰藉，以及存在感。"我的内心非常痛苦，只能通过伤害自己的方式来释放这种痛苦，"克丽丝吐露道，"无论如何，通过这种方式，我的痛苦有了发泄的途径。"对17岁的艾丽西亚来说，来自同伴的压力曾经让她的内心无法保持平衡，"以前，我总是因为成绩优秀而被嘲笑，这种打击真是让人崩溃，"她在自残时有一种如释重负的感觉，"真是令人心情愉快，然后你会觉得豁然开朗。"

当我生闷气时，就会划伤大腿和胳膊，让身体感受疼痛。与感情痛苦相比，身体的痛苦还好受些，这是种自我惩罚。

——桑内，16岁

女孩们在现实生活中不轻易探讨自残细节，但在网络这个大天地里除外。康蒂回忆道："早在5岁的时候，我就开始伤害自己，不知道怎么回事，我总会拔光自己的眼睫毛。"她并非从青春期才开始自残，"我开始割伤左手腕，然后用绷带包扎……之后，小刀莫名地消失了，然后我换成大头针……划伤胳膊。"

尽管女孩们的行为骇人听闻，但终究没有对生命构成威胁。然而，

如果任其发展，自残就会跟饮食失调和滥用药物挂钩，即使没有自杀倾向，她们也会互相模仿自残行为，甚至会在疼痛和流血中获得宁静。一些专家认为，从生物学角度讲，自残行为会引起脑下垂体分泌内啡肽[1]。

女孩们在伤害自己的同时，类似情绪波动、愤怒爆发、感情易变等正常的青春期行为都会被强化。女孩们可能觉得只有在自残时才能"控制生活"。家长能做的就是向专家寻求帮助，共同解决问题。在征求女儿的意见时，家长应当保持平和的口吻。专家们的建议是，家长应当注意谈话的技巧，充分地理解孩子、安慰孩子。一旦女儿愿意接受专家帮助，就会有专业措施来协助她停止伤害行为。采取积极的方法极其重要，当孩子脆弱时有人陪在身边，她就不会伤害自己。

"在过去的5年里，自残行为一直呈上升趋势，我很担心这点，大多数女孩都是用尖锐的工具如刀刃、剃须刀甚至是回形针有意而为（通常在前臂）。"辅导员简·赛尔斯说道，"去年夏天，我跟一位青少年心理学家讨论过，他也同意我的观点。希望家长和老师们能认真看看学生们的胳膊。"在对女孩们伸出援手之前，我们需要了解她们反复伤害自己的原因。女孩们需要明白的是，世上没有"万能超人"，她们并不孤单。

---

1 内啡肽也称安多芬或脑内啡，是一种脑下垂体分泌的类吗啡生物化学合成物激素，除具有镇痛功能外，还具有调节体温、心血管呼吸功能等生理功能。——译者注

都是"朋友"惹的祸

家长常常在对女儿伸出支援之手时受到打击，因为女儿总会优先考虑来自女性朋友的想法和意见。对青春期女孩来说，女性朋友在她们心中的地位不可撼动，因为她们同属一代人，只有友情才能帮助自己度过青春期并一路向前。青春期女孩更乐于向同性好友倾诉，因为她们更容易理解彼此。少女们之所以更信赖朋友，是因为朋友更同情彼此的境遇、理解彼此的焦虑，她们一起做梦，一起勇往直前，互相安慰。

"我爱她们，"基拉（17岁）说道，"（她们中）没有人对我评头论足，她们无私地支持着我，帮我分担重负，做了很多男朋友做不到的事情，任何时候你都可以直言'我不想说话'。"15岁的密西认可这一观点："我差不多有8个好朋友，因为她们，我的生活变得很有趣，她们总是在我身边，我爱她们。"对13岁的莉莉来说，"朋友非常重要，现在是最难熬的时候，她们帮助我、支持我，让我开心。"

朋友会听我诉说，跟妈妈相比她们更理解我，妈妈知道对我来说什么是最好的，但朋友更了解我。

——萨拉，18岁

这并非说在女孩的成长过程中父母无关紧要，而是说女孩需要朋友来发展自己的个性。在与朋友的相处中，她们找到归属感，尤其当她

们对未来和人生困惑的时候，她们需要这种来自同伴的陪伴和鼓励，一起成长。当父母一旦明白这点，应该会对女孩们交往过密松一口气。然而，家长仍需保持警醒，因为对很多女孩来说，友谊常常成为她们无法承受之重。

☆ 为了让朋友高兴

女孩子的朋友圈更像是个小团体，每个圈子都会表现出独一无二的特性，这些从小团体青睐的音乐、衣着、价值观甚至是语言都会有所体现：情绪摇滚、哥特摇滚、滑冰、金发、朋克族、电脑迷、书虫、体育生等等，不一而足，每个圈子都会打上自己的标签。尽管小团体让少女产生归属感，但女孩们也会担心焦虑，因为这些圈子往往有极其严格的规则，从穿着到行为一一规定。

穿什么衣服，用什么手机，听什么音乐，这就是（我们这个圈子的）全部。

——乔伊，16岁

青春期可谓是人生中的一段"峥嵘岁月"，彼此之间的关系往往很复杂，"我去过一所女子学校，"阿兰娜（18岁）告诉我，"到处都是欺凌，彼此之间拉帮结派。"阿兰娜在回忆过去时神情显得格外紧张，声音发紧。"你得满足这些帮派的要求才能加入，如果你无法让她们满意，就会沦为被嘲笑和欺负的对象。那段时间真是糟糕透顶，即使你有朋友也无济于事，还是得孤军奋战。"一名女孩在某个聊天室里写道，"我真希望有些人从未出现在我的世界里，足足有5年的时间，每周都得跟她们待在一起。"我们常常以为，少女们穿衣打扮是为了吸引男孩子注意，其实对多数女孩来说，却是迫于身边女朋友的压力不得已而为之。"很多人都以为女孩只想着怎么吸引男孩注意，其实我更担心其他女生对我的看法，很多人都是这样，"伊薇（15岁）说道，"女孩会毫不掩饰地以貌取人，当你加入某个团体时，你就不能同时喜欢轻音乐或是重金属音乐，否则会被当作异类，在这些组织里看不到所谓的多元化，所有人都是一个模子刻出来的。"

你想适应，就得承受其他女孩带来的压力。你不想做局外人，就得像她们一样穿衣打扮否则就会被她们当作异类。

——惠特尼，18岁

女孩们再三告诉我，她们是如何被女性朋友嫌弃和排斥，很多时候仅仅是因为她们在某些细节上没有达到要求。桑迪（14岁）解释道："无论你觉得自己准备得多充分，如果你穿错了鞋或是戴错帽子，她们就会说各种难听的话。"几乎所有的女孩都体会过类似的压力，"女孩们都迫切地想融入这个朋友圈，如果有人说你胖，你肯定会开始节食。"莉莉（13岁）说道，"如果有人说你发型不好，你肯定会换一个；如果有人说你话太多，你肯定会闭嘴。女孩们会不断改变自己，力求让别人满意。"

很难想象少女们会为融入朋友圈而努力改变，力求让每一个细节臻于完美，更难想象她们因此而承受的压力。一个女孩坦白自己每周都要看一部很讨厌的电视剧，就是为了跟其他队友保持一致，她不能擅自提一些其他节目，因为可能会因此遭受来自女朋友们的"惩罚"。

☆ 与父母"保持距离"

女孩密切关注着自己的小圈子，她们很少能挤出时间关心一下周围人或是周围的事情，这是圈子里其他"女朋友"喜闻乐见的。许多女

孩承认，因为害怕"女朋友"的闲言碎语，自己从14岁开始就很少跟父母待在一起。"并不是跟爸妈在一起有压力，"乔伊（16岁）告诉我，"一旦你亲近父母，一旦你说'我跟家人去郊游了'，她们就会觉得'傻不傻啊，你应该跟朋友一起'。"当女孩们将大量注意力放在朋友身上的时候，自然就很少有精力反省自己，思考自己的生活。

到处都是欺凌，彼此之间拉帮结派。你得满足这些帮派的要求才能加入，如果你无法让她们满意，就会沦为被嘲笑和欺负的对象。那段时间真是糟糕透顶，即使你有朋友也无济于事，还是得孤军奋战。

——阿兰娜，18岁

女孩们常常在被他人驱逐后，仍不明白是怎么回事，她们只知道"被排斥"会让她们无所适从，那是她们绝对不能接受的事情。心理治疗师朱蒂斯·阿斯纳的意见是，孤立可能导致心理和身体上的疾病。研究表明，女孩往往比男孩更容易受伤害，明白这点我们才能了解"掉队"的痛苦，才能帮助女孩们度过那些不开心的时光。

对其他女孩来说，目睹同伴被逐出队伍也是件令人不安的事情，尽管心里在抱怨，她们也不敢提出抗议。"驱逐"与"排斥"本就是杀鸡儆猴，意在警告剩下的女孩要循规蹈矩，不可违抗规则；其余的女孩则不得不战战兢兢地留下，对她们来说，赢得他人的喜爱是一场"持久战"。

我有个朋友曾经跟很多受人欢迎的孩子交朋友，她们非常瞧不起她，让她一起加入节食，现在都已经瘦到皮包骨头了，但她还以为自己很胖。

——伊薇，15岁

☆ 独自应付

除此之外的另一个问题是，女孩们青春期的生活经常跟父母脱节，如果缺乏父母提供的安全环境，来自同伴的压力与流行文化就会误导孩子的成长。女孩通过网络和手机跟"女朋友"们保持联系，无休无止的交流沟通让她们不胜其扰，又无处可藏。自从有了手机，女孩们就无法在放学后把学校和朋友抛之脑后。如今，她们每时每刻都跟朋友在一起，很少有机会扩大视野。

姑娘们敏锐地发现，自己几乎每天都在踏着"雷区"前进，她们分外关注外表、衣服和装饰，处处小心翼翼，不能有半点差池。"女孩喜欢以貌取人，"基拉（17岁）说道，"你去参加一个派对，可能有很多陌生人，通常情况下她们不会主动跟你说话，这是所谓的女孩的矜持，然后你必须表现得很随和。"

要让朋友高兴，你就不能有一丝马虎，"你得跟女朋友穿同样的衣服，做相同的事情，这会带来很多压力，"惠特尼（18岁）解释道，"如果你很害羞，她们会说：'你为什么害羞？'如果你出去了，她们会问：'你为什么出去？'"这是女孩之间亘古不变的话题，阿兰娜绝望地说："即使你想改变自我，也会受到欺负，因为你做到了她们做不到的事情，还显得你很自私。"

人们关注的是那些拥有超高成就的女孩或是派对女王，其他的女孩如果做不到，就很容易被瞧不起。

——乔治亚，20岁

青春期少女生活在一个如此多变的世界里，在这里，亲密友谊也可能由于竞争关系或是其他原因而被背叛。许多女孩坦承自己受过伤害，

也被别人欺负过，大多数孩子试图装出一副若无其事的样子，其实很难。最糟糕的是，即使被狠狠欺负了，大部分女孩仍旧愿意跟这些伤害自己的人维持友情，这就给两次乃至多次伤害埋下伏笔。背叛和抛弃带来的伤痛给女孩们造成了无法形容的伤害，更剥夺了她们所剩无几的自我意识，这种伤害甚至会延续到成人阶段。许多女性朋友纷纷表示，那段"屈辱"时光一直到现在都印象深刻。

☆ 女孩何苦为难女孩

要坦然面对那段黑暗时光并不容易，为什么为难女孩的总是女孩？我们要承认女孩们的优点，但绝不能否认她们的阴暗面，也绝不能姑息她们的破坏性行为。"这个问题很严重，"伊薇（15岁）解释道，"我在学校待了3年，已经换过5个社团，就是因为社团里的小团体斗争，她们有时互相喜欢，有时又互相排斥。"

我觉得孩子们都在"逆生长"，她们彼此贬低，或许是出于无意，但这是不争的事实。

——罗丝，心理学家兼学校辅导员

那么我们就只能袖手旁观、毫无办法吗？当然不是，如果家长能伸出援助之手，帮助孩子们树立正确的自我价值观，那么女孩自然能应对自如地处理友情上的起起落落。孩子的个性意识越强，受人左右的可能性就越小，对朋友的依赖性就越低。然而，增强自信心绝非一朝一夕之事，更不可能一蹴而就，父母的言传身教也会对女儿造成影响。错误无法避免，但并非毫无意义，没有不犯错的人！父母要做的是，悉心帮助女儿正视错误。

少女对来自女朋友们的冷落十分敏感，家长们要通过积极的方式，帮助孩子正确对待友情，学会在不想外出时用温和的方式拒绝。教导孩子正视朋友的成功与失败，这其实也是一个重要的生活技能。家长还可以讲讲自己曾经面对的窘境，告诉孩子，事情都有其两面性，与人相处有快乐的时候，但也会有不开心的时候，不要过分在乎这种不开心。

应该鼓励孩子给彼此留出空间，这样就能在很大程度上避免不幸的事情发生，而且即使发生什么，孩子也能更好地应对。这并不是说当同伴暴力出现时，父母只能置身事外，与其在背后控制孩子的生活或是暗自祈祷、息事宁人，倒不如教会她们认识自我，这样能产生更好的效果。

随着青春期少女一天一天地独立，一些家长可能会感到很焦虑甚至感到被自己的女儿所抛弃。其实，父母大可以热情邀请女儿的朋友们来家里玩耍，让她们尽情欢乐，这样更能促进亲子关系，跟孩子保持亲密。这样一来，孩子就无须在父母或是朋友之间做选择，当然，如果有朋友用粗暴侮辱的语言伤害女儿，家长也绝不能坐视不理。

少女们喜欢跟朋友待在一起，但家长也要强调家庭的重要性，如果家庭活动能在一种放松而包容的氛围里进行，女孩们自然更愿意做家庭的一部分。如果女儿要求父母陪伴，那么即使家长工作再忙，也一定要挤出时间，这点极为重要。一旦家长未能做出回应，孩子就会觉得自己不被关注，以后也不太可能向父母求助。这里有一个建议，家长可以跟孩子一起发掘某些共同爱好，比如一同去咖啡屋，一起逛超市，一起挑选海报或是学习陶艺。即便说些无甚意义的话也没有关系，重要的是一起分享欢乐时光，让彼此的生活更有趣，如果家长能在孩子最放松的时候交流，自然会事半功倍。我有一位朋友发现女儿在坐车时最健谈，她就经常邀请孩子与她外出，这种方法特别奏效。

毋庸置疑，青春期少女需要同龄朋友的陪伴，但同样需要与成人

和谐相处，这不仅包括自己的家人，还包括亲戚、邻居、父母的朋友等等。在女孩的成长过程中，如果家长能倾听她们的心声，关心、鼓励她们，那么这无疑会增强亲子关系，也能培养孩子正确的自我意识。此外，我们要教导女儿，保持独立的个性非常重要，朋友间的差异并不能代表"不认可"。显而易见的是，我们的女儿需要一种更广泛的归属感和自我价值感，她们应该跳出狭窄的朋友圈，积极参与社区活动。要知道，社区是一个更具包容性的存在。

你不知道的校园暴力

来自同伴的压力不断增大，随之而来的校园暴力事件层出不穷，尽管学校采取了一系列积极行动，但上有政策、下有对策，校园暴力事件也转而以新的形式出现。一名心理学家指出，电视真人秀节目在促进校园暴力上有不可推卸的责任，"真人秀呈现出来的就是如何人身攻击，如何跟人吵架，"她说，"女孩们有样学样、互相报复，这种事本就令人厌恶，但真人秀节目却让这些丑陋的东西堂而皇之地走上屏幕。"这些节目安排选手们互相揭丑，甚至彼此羞辱，选手间大打心理战，最终使矛盾激化，彼此对立。有时候，决定权掌握在评委或观众手里；有时候，得由选手自己做决定，在这种残酷的竞争环境下，选手们常常会做出一些极其可怕的事情。这些成人世界中的残酷本不该呈献在孩子面前。近来，《老大哥》（*Big Brother*）综艺节目选手艾玛·康奈尔一直待在演播室，她甚至不知道父亲去世的消息，有报道称是康奈尔家人为了不影响她而封锁消息。看到节目的青春期少女可能会以为这种行为十分正常。

☆ 校园"女老大"

我们很容易忽略掉一个事实，那就是校园暴力出现的根本原因是"权力"，一些校园"女老大"将自己的意愿强加于他人之上，就是为

了确保她们能独领风骚。与男孩不同，家长很难将目光集中在女生暴力上，因为女孩往往十分小心，更喜欢在教室里解决个人恩怨，不会发生流血或是骨折现象，因此她们更加肆无忌惮。这种学校"女老大"往往非常聪明，她们甚至会伪装成完美学生或完美朋友的样子，很受家长和老师喜欢。

然而，对于被"女老大"盯上的学生来说，无疑是个彻头彻尾的悲剧。跟我聊天的女孩坦言，你无法想象女孩子能残忍到什么地步。"（这些女孩）非常恶毒，"艾希莉（15岁）指出，"但她们从来不直接表现出来。"16岁的佩塔则向我描述了"女老大"的"劣行"，听上去令人毛骨悚然，"我们不会造成什么身体伤害，都是心理上的，"她回忆道，"确切地说是情绪上的，比如说在心理上一步一步瓦解你、毁掉你，直到让你崩溃为止。"被威胁的女孩则常常感到自己毫无胜算，正如阿兰娜（18岁）所说的："即使你想改变自己，也会受到欺负，因为你做到了她们做不到的事情，还显得你很卑鄙。"通常这些女孩都会认输，然后向恶魔们臣服，因为她们别无他法。

☆ 情感折磨

一名在线网友给我们讲述了自己的辛酸经历，"我第一次被排斥的时候非常绝望，花了很长时间恢复；后来再一次被排斥的时候得了抑郁症，现在每天都要通过吃药来缓解，我甚至很少外出。你可能觉得，这个人让你不愉快，忘了她，远离她不就行了，但要把某个人从生活中完全移除真的很痛苦。我近来又被讨厌了，但我真的不知道原因，我很痛苦……人们说要向前看，但过去无法被忘记，我就做不到。我在治疗抑郁症时认识了一些人，一位新朋友曾试图自杀，原因是有人不想做她的朋友。"

　　尽管我们知道，争执、吵架乃至校园暴力都是青少年生活的一部分，但有的时候成人还是很难想象这帮亢奋的孩子有多可怕。再加上家长要工作，还要照顾其年迈的父母，很容易忽视孩子在学校的状况。然而，如果家长能意识到校园暴力跟其他形式的暴力大同小异，或许他们能更好地正视这个问题。

　　"我现在特别绝望，"林利坦白道，"从上幼儿园就一直被欺负，没有人真心喜欢我，我的朋友也会捉弄我，让我焦虑、让我难过。去年我回到母校，结果被那儿的学生暴打并嘲笑。我在这所学校里没有朋友，因此只能做沉默的羔羊，还得伪装自己，希望人们喜欢我。如今，我到了这所新学校，交到了好朋友，但还是没有逃脱被欺负的命运。我对学校心怀期待，可是又得到了什么？我讨厌活着。"

　　网名为"樱桃"的女孩也有类似的遭遇，"我的两个'朋友'简直把我当狗屎！"她无奈道，"我再也不会把这两个魔鬼当朋友。她们想方设法地捉弄我，让我每天都处在恐慌之中，每天放学回家后我都会哭。回想她们的恶劣手段，我真的要得抑郁症了，我试过跟她们交流，也得到过保证，可是第二天又故态复萌，这就是我过去3年的生活。"

　　毋庸置疑，女孩们要掌握一些应对困难的手段，如此才能更好地存活，但这绝非一朝一夕之事。与成人不同，大多数女孩喜欢彼此依靠，她们一起生活，一起分享欢乐，一起承受伤害，也一起幻想未来。因此，对她们来说，最令人难以接受之事无疑就是被朋友排斥乃至驱逐出队。女孩们要自信，要变得强大，甚至要学习如何反抗暴力，当然这并不容易，但势在必行。而这又一次说明了家长参与的重要性，应当从童年时就开始培养孩子的自尊感。

☆ "残酷"新境界

恃强凌弱仿佛是每一代在年少时期的必经之事，但到了这一代，无论是体罚还是心理凌虐似乎都到了一个新"境界"，家长和老师则更难介入其中。网络和移动电话给"恶棍"们带来便利，他们不再与受害者直接冲突，而是创建恐怖网站，匿名给同学甚至陌生人发恐吓信；她们还会PS同学的照片，然后通过网站发送。一项针对美国青少年网络媒体的研究表明，超过1/3的孩子经历过网络威胁，至少有一半的网络暴力都发生在聊天室，即时通信成了"骚扰短信"的滋生地，但仅有1/4的孩子承认自己收到过恐吓邮件。

跟男孩相比，女孩们想得更多，不过这也不是什么大事，女孩就喜欢翻来覆去地思考每个人。

——伊薇，15岁

如今，女孩们的许多行为都出乎众人意料，她们彼此关注，甚至互相制约，比如，一旦某人在派对上"出错"，马上就会引起围观，最后就众口相传、人人皆知。"出现了很多校园暴力行为，"一名辅导员指出，"每个女孩都知道那是怎么回事，但我们很难将伤害降到最低。"

☆ 女孩欺凌女孩

确切地说，大多数校园暴力都是口头恐吓，但一些行为终将恶化为身体伤害。"女孩们总是嚷嚷着要给别人好看，现在口头宣言正在演变成真实的行动，"一名老师告诉我，"其他人就在围观，甚至在恶霸们侮辱并伤害某个学生之后，还把视频放到网上，这不仅仅在违背道德准则，简直就是没有同理心[1]。我觉得这些女孩都缺乏自我价值感。"关于校园暴力事件，一些女孩谈及"反抗暴力"和曾经目睹的暴力冲突时，语气平静，似乎置身其外。

除了身体暴力，网络也日益成为新型暴力的滋生地，最令人震惊的一起网络欺凌就发生在新西兰的一个社区里。索菲（14岁）近来有点不对劲，这引起了妈妈的担忧，询问之下的索菲承认，她在网上认识的一个名叫"本"的男孩喝药自杀了，原因是本在女朋友上吊自杀之后一直情绪不稳，甚至发展成抑郁症。本在自杀之前曾致信索菲，请她多多留意朋友南希，后者跟索菲在一个学校。南希存在心理问题，甚至曾经吞过刀片，索菲在及时联系男孩本无果之后，又努力去帮助南希，结果并未成功。

本自杀后，索菲变得沉默寡言，她坚持给自称要自杀的南希发短信，此时，南希已经彻底同家人失去联系。绝望和自责笼罩之下的索菲，开始大量吞服药物，最终被送往医院，万幸的是她没有因此而失去生命。

索菲在选择自杀前和南希关系非常密切，她们甚至常常发短信到深夜。就在两个女孩准备去本自杀的那个海滩看看时，索菲的母亲收到了南希母亲的电话，后者带来了令人震惊的消息，原来男孩"本"并不存在，只是南希和某个朋友想象的产物，最终却给索菲造成了无法预估的痛苦和创伤。南希和朋友甚至创造了"本"之网站。

近来，来自新西兰奥克兰市的两个孩子陷入网恋骗局，这两个女孩都是某所学校的啦啦队队员，在网上认识"男朋友"并陷入热恋。最终证明，"帅到让人流鼻血"的男朋友其实都是假的，他们只是一名同校

1　同理心：又叫作换位思考、共情，指站在对方立场设身处地思考的一种方式。

女学生从杂志上剪贴下来的图片。这种小把戏起源于一个MSN聊天室，即使没造成什么人身伤害，但也足以让人不寒而栗，两名女孩没有怀疑"男朋友"的身份，因为他们经常保持联系，女孩还经常收到对方寄来的泰迪熊和衣服。然后，"男朋友"就开始劝说女友加入（集体）自杀约定。

"男朋友"给她们寄来了详细的自杀邮件，里面详细说明了自杀时间和方式（如何切开手腕）。万幸的是，一位家长发现了女儿床下的小刀和自杀邮件，最终阻止了悲剧的发生。可怕的是，那位始作俑者（同校女学生）在离开学校之前还告诉同伴自己是如何戏弄啦啦队队员，让她们以为自己正在热恋，但她绝口未提策划自杀约定的事情。

几乎所有的女孩都认为，父母在校园暴力事件上爱莫能助。"如果你想得到那些恶棍的尊重，你就不得不自谋出路；如果有别人介入，他们就会更加轻视你。"佩塔（16岁）解释道。家长和学校必须扭转这种想法，一些学校开始给家长写信，提醒家长注意网络暴力，同时鼓励家长多多关注女儿。这样，我们就跨出了抵抗校园暴力行之有效的第一步。

使用网络时一定得提高警惕，网络世界错综复杂，你会遇到形形色色的人，善与恶都在鼠标的点击中显现。

——安妮·科利尔，网站编辑

☆ 家长应采取行动

有的时候，女孩欺负别人是为了提高知名度，有时候则是为了享受优越感，因为自己可以让别的女孩示弱，受害的女孩则会因为面子问题而隐瞒事实。如果一个女孩拒绝进食，那么很可能跟她的同学或是朋友有关，或许就是遭遇了校园暴力。当然，大多数女孩会表示自己安然无恙，这也是因为怕丢脸或是担心父母反应过激，从而使事态扩大。一旦家长发现女儿可能遭遇了恐吓欺负，一定得用温和的方式鼓励她们开口，这点很重要。可以让女儿的哥哥姐姐来劝导，或是家长讲讲自己年轻时候的遭遇，这些都是行之有效的方法。专家们的意见是，父母应当避免做出过激反应，而是要鼓励孩子，重塑女儿的自尊感和自我意识。

如果事态严重，家长就必须介入其中，但这绝对是不得已才能为之。即使情况再复杂，女孩们仍得从中学习如何保护自己。如果少女们能在家长和其他家人的帮助下，学会积极的应对方法，那么她们在以后的事件中也能增加自信，这才是我们希望看到的理想画面。家长只需在必要的时候指点迷津，或者跟老师和辅导员进行沟通。

女孩自己要明白，她们有权公开自己的遭遇，并寻求赔偿，这点很重要。自我意识强烈的女孩很少招惹校园暴力，所以核心问题仍在于帮助孩子重塑自尊感，这也会对她们的未来发展起到积极作用。鼓励女孩创作一些特别的座右铭，比如"走自己的路，让别人说去吧"，这些能有效地帮助她们缓解压力。此外，女孩们要明白"物以类聚，人以群分"，远离不良群体，跟善良的孩子交朋友，也能在一定程度上避免被欺负。在"恶棍们"发言之前适当赞美她们的优点，这也有助于缓解紧张局面，效果可能比默默忍受语言暴力要好得多。举个例子，"真是太悲哀了，你很聪明，但行为这么恶劣，如果你能收敛一点，大家一定不会在背后叫你'恶女人'，而是注意到你的聪明才智。"让对方知道你不是好欺负的。

校园暴力是诸多女孩少年时期的必经之事，家长可以通过树立家庭良好的价值观，避免孩子成为"校园恶棍"。父母要让孩子明白，每个人都是不同的，我们必须严于律己、宽以待人，让孩子远离那些喜欢说

长道短、热衷攀比而且喜欢贬低他人的"朋友"。家长还要教育孩子，尊重他人感受，帮助女儿明确底线之所在；让孩子学着在不伤及他人利益的情况下明确表达自己的需要和愿望，这点也很重要。鼓励孩子走出"她们和我们"的概念误区，无论远近亲疏，友好而真诚地接纳所有同伴，给未来铺设一个良好开端。事实证明，那些社交面广泛的人往往拥有更丰富的人生经历，而且心胸宽广。

女孩们还得知道，父母一定不希望她们成为"校园恶棍"，制定惩罚措施远远不够，提高孩子的情商才是正道，这样她们才能有更多的发展机会。一旦孩子加入不良团体，切勿让心中的焦虑把孩子越推越远，让其深陷迷途。一般情况下，女孩只是想通过校园暴力展现自我，甚至吸引注意力，家长可以跟孩子认真地讨论，然后帮助她们做出更好的决定。如果效果理想，久而久之，女孩就能树立自信，同时乐于帮助同伴。

有趣的是，许多女孩告诉我，那些积极宣传"求同存异"的学校往往是校园暴力最少的地方，这些学校鼓励孩子勇敢地做自己，鼓励她们独立学习。对学生们来说，这些学校的老师更像是朋友，他们欣赏学生，孩子们则在毕业之后还希望跟老师保持联系。

花花世界中的性感女孩

青春期是一个惊险万分、充满刺激但又满怀困惑的时期。对青春期少女而言，即将登场的主要挑战之一莫过于两性关系。女孩们急不可耐地想知道路在何方，她们渴望汲取一切有用信息，来帮助自己了解"我是谁"，以及什么是"性"。过去，女孩子对两性身体或是性本身并不好奇，这种"无知"令她们更易受伤；如今，情况恰恰相反：少女们希望拥有性知识渊博的朋友，甚至渴望能亲身体验。没经历过性关系的女孩则被视为"不酷""压抑自我"，甚至会被排斥。我毫不意外地发现，许多女孩跨出"性边界"的原因之一就是同伴压力。正如一位学校辅导员所说，"'处女'现在就是个贬义词。"

以前基本上十八九岁才发生，现在都提前到十二三岁了。家长们被蒙在鼓里，完全不知情，我们很擅长保密。

——佩塔，16岁

☆ 探索神秘领域

如今，女孩们主要从杂志、电视和电影获得性知识。据来自加拿大儿科协会的资料显示，约有2/3的青少年主要通过大众传媒学习性知识，这着实算不上一个理想途径。要知道，媒体通常会以直观、刺激、随意甚至零风险的方式展现"性"。这里的零风险指的是，没有人会因

为性爱怀孕，也没有人会感染性传播疾病。儿童心理学家里娜·古普萨指出，这种情况之所以发生，是因为媒体中的性幻想"更强烈，更复杂，更令人困惑"。

女孩在接触大众传媒时，根本不了解"耽于声色"和"两性知识"之间的区别，更无从把握亲密接触和保持距离之间的尺度。尽管网络、电影、电视和杂志这些大众媒介可能会帮助她们弥补知识上的空白，但其实也只是一知半解。举个例子，以下对话节选自一段在线讨论。

男朋友用手指爱抚我之后，我总是有那么半天到一天会来月经，这正常吗？——don't_known

你确定那是月经？只在他用手指那样做之后流血？——Lea

也可能是因为他太粗鲁了，你还是处女吧？那很可能不是月经血。——Perfect_Wings

是啊，我还是（处女）。现在已经不让他那样了，但情况依旧，月经来个没完没了，天哪！这的确不正常吧？——don't_known

我经常在女友维琪月经后这么做，手上有时还能沾上一点，真有趣。——young gun

尽管网友"don't_known"问的问题很重要，但这个论坛提供的答案只是一知半解，她的焦虑也没有得到其他人的重视。当女孩遇到这些问题，最好的办法是，向老师、学校辅导员和心理学家寻求相关帮助。

☆ 性教育

给女孩们普及性知识是一个复杂的命题，很多女孩对学校开展性教育的方式不屑一顾，因为她们觉得老师又"老套"又"孤陋寡闻"。

"老师们想追求时髦，但连时髦的腿都抓不住，就是让人感到不舒服，"乔治亚（20岁）回忆道，"这些老师翻来覆去地讲那一套，叫我们接受自己的身体，真是烦死了。"

性教育自有其积极的一面，它关注性原理，并且教导女孩如何应对性侵犯和意外怀孕；消极之处在于忽略女孩们面对的压力。如今的青春期生活跟10年前大相径庭，女孩们需要学习的是如何表达欲望，以及明确"雷池"的位置，对抗压力并和朋友保持积极的关系。实施性教育的老师则要明白，现在情况较之以前更为复杂，不能总用过去的经验纸上谈兵。动动嘴皮子就想教育孩子自尊自爱无异于白日做梦，老师只有在全面了解青少年之后，才能直击目标、切中要点。

几乎所有女孩都担负着性话题带来的压力，但并非所有人都会跨出底线。"大多数孩子很乖，"一名辅导员坦言，"但也有些女孩甚至爬窗户出去跟男孩见面。之后的事情就会严重化，她们会被要求发生'性'行为。很多男孩做了这些事后，还会出言侮辱，一旦被人发现，这些女孩就不得不跟男孩混在一起，因为她们无处可去。"

如今，青春期女孩总是喜欢公开讨论别人的一言一行，是否发生性行为，对象又是谁，这一切都逃不过同伴的"法眼"。此外，女孩们在聊天室里更容易降低戒心乃至敞开心扉，这里反而成了女孩们的根据地。

"我们学校有很多女孩不正经，"安娜贝尔（16岁）在某个聊天室说道，"她们甚至在公交车和教室做出一些下流行为。附近有个女孩，比我大不了几岁，监控录像显示，她跟4个不同的男孩在仓库里发生性关系。她有个固定男朋友，结果怀上了别人的孩子。"其他女孩也纷纷加入谈话，分享自己的故事，苏西就是其中一位。"我知道很多女孩在上课的时候自慰，但还没到那种程度（指安娜贝尔的例子）。我们

这里的保龄球馆还在洗手间安装摄像头，因为有些女孩在那儿给男人口交。"

当然，即使是网络聊天室，也不是所有人都能接受这么露骨的讨论，一些女孩会不时地发表一些非常中立的观点，比如哈利（16岁），"我真是不明白，这些人酗酒、吸毒、乱搞关系、参加那些乱七八糟的活动，居然还自鸣得意，唯恐天下不知。她们傻了吧？有谁真的想听她们与足球队队长的卧室冒险故事？"

网上只有你想不到的，没有你看不到的。

——阿比，17岁

☆ 致命吸引

令人担心的是，开放式的网络聊天会将某些恐怖、危险乃至暴力的性爱方式正常化，最终导致青少年走入误区，这是我们不希望看到的。女孩们在尚未准备充分的情况下就打开了网络的大门，不加分辨地接收所有信息，正如阿比（17岁）所说："网上只有你想不到的，没有你看不到的。"

此外，少女发生性关系的年龄越来越早，而且人数急剧上升，老师和心理学家非常关注这点。天性使然，少女们对性产生好奇，从而关注一些色情露骨的信息。让人眼花缭乱的色情资源扰乱了青春期少女的思绪，打乱她们的步伐，让其误以为自己已经做好准备，蓄势待发地准备迈入新关系。网上有这么一个现象，再三引起了我的注意：少年（少女）们在青少年网站上"引诱"彼此跨出雷池。我在某聊天室截取了一段对话，这段对话其实是由一个孩子提出引子，剩余人补充情节最终串成一个完整的故事。

对话内容相当不堪入目，孩子们的想象简直堪比最差劲的色情小说。

☆ 花花世界，声色犬马

究其根本，离开了网络，这些性行为恐怕无法如此猖獗。如果你认真观察少女们的生活，很快就会发现她们接触的东西有多粗俗、污秽。一项针对8～18岁孩子的研究表明，他们每天花6~9个小时在卧室里浏览各种媒体信息。"时尚就在杂志里，"伊薇（15岁）告诉我，"每个人都在读，书上有时会讲一些新的性爱方式，有人会说'呀，真恶心'，可是他仍会看。很多人嘴上说自己不看这些，实则不然。"这些图像甚至随处可见，严重影响了女孩们的言行举止。

无论上线与否，女孩们对偶像的一言一行了然于心，这是一个处处走光、到处暴露的世界。许多女孩很难意识到"衣不蔽体"或是举止轻浮会给看客留下什么印象。男生们需要理清哪些是合乎礼仪的行为，女孩们则要注意各种行为释放出的信号。此外，家长要采取一个更积极的姿态。一位老师告诉我，一些女学生因穿着不当被学校遣送回家。她们不仅不穿校服，还身着超短裙，戴着像内衣一样的帽子。当老师为此联系学生家长时，反而受到了家长的谴责，认为老师小题大做，戴"有色"眼镜看人。类似的情况并不在少数，有些家长觉得自己的孩子很酷，不需要改变；有的则觉得这种情形非常可笑。

☆ 天翻地覆

很多家长以为如今的孩子与自己年轻时并无不同，只是更为"放浪形骸"。

为什么会这样？我认为问题之一在于，很多家长以为如今的孩子与自己年轻时并无不同，只是更加"放浪形骸"；其他家长则忙于工作，懒得关注这些。如此一来，得不到支持的老师们也很难坚守阵线。家长们需要明确，将上代人的经历跟女儿的少年时光相提并论本就存在误区，两者不存在可比性。

无论家长们是否能努力学习，赶上时代的步伐，女孩都不得不学习并面对生活中的难题。显然，没有家人的支持，让女孩们独自应对这些问题，她们的生活将变得很艰难。有趣的是，女孩们并不这么觉得。一名教师告诉我，自己曾问过学生以后会不会让孩子跟她们现在一样，女孩们的答案是"绝不"。"家长要谨慎对待孩子，选择最适合他们的，而不是人云亦云，模仿其他家长，"切尔西（18岁）说道，"孩子们一天天长大，我曾经很讨厌妈妈管我，现在，我非常感激她所做的一切。"跟我聊天的每个女孩都有同感。

看到学生在不属于这个年龄段的事情里苦苦挣扎，即使是年轻老师，也常常对新兴一代的性行为震惊不已。一位老师坦言，一个年仅14岁的女学生问她为什么电影里的性爱能持续那么久，而自己总是很快结束。有个女孩甚至发展过20多位性伴侣，还在一夜间跟好几个人发生关系。这位老师在听到这些时心如刀割，因为这些孩子都还这么年幼。

两性界线不断被僭越，学校的性指导老师发现，青春期女孩不仅渴望得到男生的关注，女孩之间也会亲吻、抚摸彼此。除此之外，老师们还发现一些青少年对"三人行"很感兴趣。"女孩们说，有的男孩会满不在乎地问：'能跟你和你朋友一起吗？'"一位老师告诉我："事情发展到这个地步，如果女孩说'不'就会被看作假正经。"

☆ 影响无处不在

女孩们知道布兰妮不爱穿裤子，所以声名鹊起；也知道帕丽斯·希尔顿在性爱视频曝光后名声大噪；还知道林赛·罗韩在电影里扮演脱衣舞娘，之后大受关注。

女孩在成长过程中会受到多方影响，如名人、广告杂志、电视电影以及电视真人秀，她们在坚持本我和关注偶像之间摇摆不定，甚至自我分裂。她们知道布兰妮不爱穿裤子，所以声名鹊起；也知道帕丽斯·希尔顿在性爱视频曝光后声名大噪；还知道林赛·罗韩在电影里扮演脱衣舞娘，之后大受关注。明星们可能闭口不提，但少女们明白，一举一动越性感，就越能收获关注。

那些曾在边缘位置徘徊的事物现已成为主流，"妓女"和"荡妇"之类的形容词也已经不是底线。很多MV（音乐电视）上的歌词和视频都有诋毁女性之嫌，美国女子组合"小野猫"就被称为"最放荡的音乐组合"。

人们争相模仿……压力很大，我们看的杂志上什么都有。电视、电影里也充斥着这些东西。

——基拉，17岁

☆ 皮条客和名妓

她是色情明星，她红透半边天，但我们喜欢她是因为她可能是唯一将色情片带入主流电影界的女明星。

——Askmen.com

杜莎夫人蜡像馆里的最新作品原型为青春偶像詹娜·杰姆逊，詹娜

与人合作，出版了名为《如何与色情片明星做爱》（*How to Make Love Like a Porn Star*）的畅销书。你可以登录"男人网站"看看她有多受欢迎。Askmen.com对她高度赞美，"她是色情明星，她红透半边天，但我们喜欢她是因为她可能是唯一将色情片带入主流电影界的女明星。"詹娜还拥有众多年轻粉丝。

女孩们一天天长大，身上的保护伞也在一点点消失。"有的时候，色情文学里表现出来的性爱真令人担忧，色情片等总是放大男孩们的期望。"惠特尼（18岁）说道，"时至今日，性暴力和性虐待已经不足为奇，甚至比比皆是。色情片用另类的方式定义女性，我讨厌这种展示方式，太讨厌了。"

说唱明星史诺普·道格凭借超高人气，成为《滚石》杂志的封面人物，杂志头条将其称为"美国最可爱的皮条客"。史诺普·道格不尊重女性到了令人吃惊的程度，但很少有人质疑他的言谈举止。"我对她们很温柔，"他谈及自己作为皮条客时的经历，解释这只是自己的工作，"只是为需要的人提供机会。"

☆ 我想成为性感尤物

家长并不知道现在的情况，他们总觉得"我年轻时也会喝酒、参加派对，然后交男朋友，没什么大不了的"。其实时代已经变了，女孩们会跟很多男孩发生关系，她们还会喝酒喝到呕吐，甚至昏迷。

——杰恩，老师，28岁

性感的底线在被不断发掘，对很多女孩来说，她们最感兴趣的无疑是变身性感女郎。为了吸引注意力，广告商抓住这一商机，不遗余力地宣扬性感的重要性，这也就愈加成为女孩们自我审视的一方面。这一概念从整体上影响着女孩们的思维方式，下面是一个女孩自述的购物经历。

"我和朋友去逛街，路过一家香水店，我的一个朋友拿起一瓶香水，因为香水上写着'带我走吧'，朋友就买下它了，我们笑了足足20分钟。这香水名叫'性感小东西'，天哪，太好闻了，这味道让我极度兴奋。"

性感本身似乎没什么坏处，但女孩过于"性化"就很危险。"让我感到棘手的是，女孩们觉得自己别无他选，"一名年轻教师坦称，"似乎只能遵从别人的要求。"她举了一个例子，一个14岁的女孩跟朋友一起外出，同行的男孩们要求她脱掉上衣。女孩虽然不愿意，但为了不被当作傻瓜还是照做了，男孩用手机拍照还发给了其他同伴。老师告诉她这属于"性侵犯"，但她浑然不觉。"女孩们害怕被孤立，"老师解释道，"她们似乎习惯了根据男孩的态度审视自己。"

露骨的性感会在几乎所有女孩们能接触到的媒体上出现。我不知道孩子能从"安全、有趣又调情"的信息中获得什么益处，又能从"免费视频聊天"里得到什么机会，但有一点可以肯定，青少年电话性爱的源头就在这里。

过早接触性生活

　　青春期的女孩们从不缺乏好奇心，她们会充分利用手头的一切资源去亲自体验。但在太多时候，她们总是在父母和流行文化对"性"的迥异态度之间徘徊。家长总是忽略女儿身上日渐显现的性特征，而流行文化则认为举止妖冶的女人和黑帮人士更有格调。假设家长无法跟女儿就"性"话题进行深入而有益的对话，那么孩子很可能对"性"懵懵懂懂，最终跨越雷池而不自知。"很多女孩发生过非自愿性行为，"一名学校辅导员告诉我，"少女们渴望被同伴接纳，男孩们说'你得乖乖听话，才有人喜欢'，她们就照做然后被抛弃。"诸如此类的例子每天都在上演，老师和心理辅导员们经常给我讲"星期一综合征"——女孩们周末跟同伴外出，然后被经历的事情（通常是性爱）吓坏，第二天上学自然萎靡不振。

　　很多女孩十三四岁就产生性意识，然后就开始跟十六七岁的男孩约会。

——罗丝，心理学家兼学校辅导员

　　对那些生理成熟过早的女孩来说，生活可能更为不易，她们的心智不一定很成熟，但由于生理原因，终日与高年级学生混在一起。"一些老男人盯着我看时，我才只有11岁，"梅丽莎（14岁）抱怨道，"我发育得早，这不是我的错。人们总是用看怪物的眼光看我，我都快疯了。我讨厌那些男人的眼神，有些女孩也因此讨厌我，忽视我的其他优点。"

随着年龄增长，性特征也愈加突出，为了更好地了解自己，女孩们常常在杂志、电影、电视乃至音乐里寻求答案。早熟的女孩更有可能走入误区，认为媒体提倡青少年享受性爱。一项美国研究发出警告，并将媒体称为早熟女孩的"超级朋友"，过分阅读成人性资源，可能会促使少女跟那些年龄稍大、性情活跃的男男女女混在一起。

有一点我们要牢记，电视节目和青少年杂志的最终目的都是为了赢利，对它们而言，"性"话题无疑是刺激销量的好方法。很明显，过去的杂志和节目更为谨慎，它们害怕家长的"怒火"；如今，家长疲于工作，很少分出精力关注女儿，更没有时间研究电视节目和杂志的内容。如果家长能声明自己的担忧，情况就可能有所改变。毕竟，杂志并不愿意看到对自己不利的评论。

学习和成长的过程离不开风险，积极风险能帮助孩子获得更强烈的自我意识，明确未来的发展方向。但正如青少年精神病学家林恩·巴顿提出的，媒体总是给"风险"披上闪耀甚至有趣的光环，混淆正常的探索行为和毁灭性行为之间的界限。家长要帮助女孩积极地面对风险，远离精明的营销商；学校则要教导学生，正视性感图片和影像，跨出积极的第一步。

☆ 面对媒体，擦亮双眼

我们声声谴责那些对女孩采取实质行动的男性，无论他们成年与否。然而，青少年杂志的编辑人员大多却是女性。尽管有不少女性从事广告公司和推销行业，但从未有人觉得自己的工作有任何不妥之处。当

人们就媒体渗透对青少年的影响提出质疑时，音乐电视产品研发部执行副总裁贝琪·弗兰克却认为大家是在杞人忧天，"我们要承认，孩子从小就暴露在各种媒体之下。也就是说，他们只是在跟生活中最常见的事情打交道，事实证明，他们一直在健康成长。"这种观点并非她一人独有，我们为什么丝毫不觉得诧异？

如果大众舆论不提出要求，这些媒介根本不会闭嘴，因为它们不会放掉到手的利益。因此，家长及社团必须提高警惕，仔细观察女儿喜欢的电视节目和杂志内容，同时要清楚地意识到，稚嫩的少女迫切希望长大。

杂志并非是唯一的问题滋生源，很少有家长会注意到，说唱歌词往往充斥着淫秽暴力语言，音乐电视则会出现大量极具性暗示的动作。家长们不妨擦亮双眼，好好地看看女儿面临的这个世界。

☆ 性关系越来越开放

青少年健康专家们越来越关注青春期少女性行为，他们不仅致力于维护青少年生理健康状况，更重要的是保护她们的心理健康。世事变迁，少女们的生活更是受到了多方影响，很多过几年才会有的事情正在提前发生。"很多孩子一步入青春期就开始考虑两性关系，"一名学校辅导员兼心理学家表示，"很多学生参加醉酒派对，天哪，她们只有12岁。她们根本控制不住自己，结果就出现'星期一综合征'。"

一些女孩选择口交，既能满足男友，同时又保留了"处女之身"。"很多女孩选择口交，她们不把这当作性交，"一名调查者说道，"有些男孩喜欢这样，如果女孩不照着来，他们就会将事情公开，让女孩名声受损。很讽刺，不是吗？"还有的女孩会参加"彩虹派对"，顾名思义，抹上颜色各异的口红或唇膏为异性口交。

学生们对于性关系越来越开放，越来越随意。酒精、药物更容易麻痹女孩们的神经，使之对性关系放松警惕。一些女孩甚至发展"性伴侣"——平时像普通朋友一样相处，在有需要的时候发生关系；另一些女孩则寻求更危险的关系，比如"一夜情"，随意跟陌生人发生关系。

尽管有些人叫嚣这是女性解放运动的成果，心理咨询师们则不认为如此。如今，很多女孩发生非自愿性行为，原因很简单，怕别人说自己"守旧"，青春期少女的性压力不仅仅来源于异性，同性朋友往往会产生更大的影响。

"彩虹派对就是口交游戏，"网友斯莱特指出，"获胜的男孩最终将得到奖励。"女孩似乎从这种活动里得不到任何好处，甚至冒着感染性传播疾病的危险。因此，我们必须重新审视少年聊天室，更好地了解女孩们的生活，了解她们的心路历程。

☆ 性传播疾病

当前一代很可能成为历史上不孕人数最多的一代。

——大卫·班尼特教授，青少年健康专家

由于临床症状不明显，很多女孩对自身感染一无所知。这种行为并非安全无虞，到2005年，衣原体感染人数已经是10年前的4倍，增幅最大的群体当属青少年。很多西方国家都出现了类似趋势，但最为可怕的是，由于临床症状不明显，很多女孩对自身感染一无所知。如果不及时治疗，衣原体感染很可能导致不孕症。青少年健康专家大卫·班尼特教授指出，当前一代很可能成为历史上不孕人数最多的一代。

近期的研究则表明，口交和口腔癌之间可能存在某种关系。健康专业人员惊讶地发现，口腔癌在年轻人群中的发病率明显上升，很多病人从不抽烟也没有酗酒的习惯，那么癌症从何而来？约翰斯·霍普金

斯·凯莫癌症中心的研究人员发现，无保护的口交行为可能会传播人乳头瘤状病毒（HPV），从而引起某些口腔癌。该项研究还表明，假设有5个口交伴侣，那么无论感染人乳头瘤状病毒与否，罹患口腔癌的概率都会增加3.8倍；如果有6个及以上口交伴侣，患上口腔癌的概率就会增加8.6倍。专家认为，如果这种势头延续，人乳头瘤状病毒引发的癌症人数将超过烟酒的影响。

☆ 女孩的性需求

这种事情因人而异——有人觉得女孩不正经，有人觉得她们只是长大了，其实"我们心中有数"。只要有第一个吃螃蟹的人，其他姑娘就会蜂拥而至、前赴后继。慢慢你就放开自己，道德被扔到一边，木已成舟，谁在乎呢？

——卡莉，16岁

为什么我们在处理青少年性问题时困难重重？或许我们过于固守成见，以为"只有男孩需要性爱"，而"女孩追求真爱"。并非所有男孩都"性"致高昂，越来越多的女孩选择主动出击。我在做调研时走访了很多男孩，据他们形容，一些女孩主动跟他们发生实质性关系，她们还自封为"小甜甜布兰妮"。本书并非想替那些利用女孩的男生开脱，但我们也不能一味地谴责他们，对女孩子也要多加注意。

☆ 何去何从

一切正变得越来越复杂，少男少女们更难找到前行之路，"有女孩告诉我，她喜欢同龄的一个男孩，但是不想跟他外出，不想发生关系。"一名年轻的教师说道，"恋爱关系究竟能发展到什么地步？女孩们对答案了然于胸，这种情况前所未闻。"在这个百无禁忌的世界里，诸多非主流思想犹如藤蔓般疯狂滋生，极大地危害着少女的生活。

性界限模糊的女孩更容易受到性侵犯者的伤害，尤其当她们对自己的人权毫不在意时，犯罪就会进一步深化。我们不妨观察一下孩子们使用的语言，"我的一个学生只有14岁，她说妈妈的男朋友跟她发生了性关系。"老师接着说道，"注意她的描述——不是强奸，只是'性关系'。"

很多女孩对性交很保守，但对口交行为却没那么谨慎。美国疾病控制和预防中心于2002年进行了一项扩展性调查，在15~19岁的女孩中，至少有一半人曾经发生过类似行为；在15~17岁的女孩中，约有68%的人进行过口交。调查人员指出，少女们并不认为口交也是性交。只有少部分女孩知道，没有保护的口交存在危险，多数性传播疾病发生在15~24岁人群中，除了衣原体感染，其他疾病还包括疱疹、梅毒、淋病，以及艾滋病。

家长应当适时了解孩子的世界，然后才能行之有效地与之对话，不闻不问当然无济于事。先让孩子学着重视并欣赏自己，这就打下了一个良好开端；在谈话之前做好准备，才能有备无患。家长要循循善诱，帮助孩子明确"界限"，让她们明白，短暂的满足或是单纯想愉悦对方都是错误的。而女孩们也要努力理解父母，相信他们会替自己做出明智的选择。如果家长表现得善解人意，女儿就更有可能敞开心扉，吐露自己的"小秘密"。

自我身份的不认同与缺失

少女的性特征日益显现，她们不再关注"我是谁"，也不再思考未来的生活，她们关注的重点已经变成如何取悦他人，从而赢得更多关注。女孩表现得越性感，她的感受、需求乃至脆弱就越会被忽视，说得严重点，就是被当作性欲的发泄对象。一名记者认为："这个年龄最令人不安的，不是她们得到了什么，而是正在失去的：即与性密切相关的健康情感与她们内心真实的愿望。"

一名高中教师向我吐露了自己的忧虑："当你跟女孩谈论性时，很多人觉得自己并没有从中得到多少快乐，多数情况下只是被动地躺在那里，这种情况越来越常见。我2000年踏上讲台，那时的孩子只想变得性感；近3年来，许多12岁的女生开始打破底线，这种事甚至比比皆是。其实她们需要的，只是被爱、只是被需要。"

性文化和消费主义带来的问题在于，从幼年开始，女孩们就对拥有的一切习以为常。在这个追求"即时满足"的世界里，她们无须了解"期待"能带来的快乐和兴奋。她们最常做的事就是不断得到，然后厌倦，最终席卷而来的只是失望。我们需要做些什么，让少女们感受到作为女性的快乐，这是一种更深层次的感受，不是靠打肉毒杆菌和丰胸能够带来的。

这个年龄最令人不安的，不是她们得到了什么，而是正在失去的：

132

即与性密切相关的健康情感与她们内心真实的愿望。

——凯特琳·弗拉纳根，记者

☆ 追求性感的后果

当一个女孩非常崇尚性感形象，就会自然而然地把性感看作最好的生存方式。研究表明，这些性感形象非但不会带来好处，反而会增加焦虑，甚至让女孩们自惭形秽，进而引发抑郁症和饮食失调。过于崇拜性感形象也会让女孩在性关系中处于弱势地位，羞于开口说"不"，勉强自己接受性爱。如果一个女孩追求性感只是把这当作获得爱与认可的唯一途径，那她很可能会进而选择错误的性伴侣，甚至遭遇性虐待。

☆ 当性感成为关键词

当一个女孩的眼中只剩性感而再装不下其他时，她的生活选择也会变得狭窄，更不用说周围人会用什么眼光看待她。对少女而言，性关系充满刺激，这点无可厚非，但刺激绝不是全部。青春期少女渴望获得爱情、找到归属并收获认可，但化身性感女郎并不意味着能得到这些。一旦打上性感的烙印，人们就可能将女孩看作某种商品，并透过有色眼镜看待之。前花花公子兔女郎安娜·妮可·史密斯的生平就是一个悲剧故事：幼年即遭父亲遗弃，17岁嫁人生子。不久后遭遇离婚，身无分文的安娜·妮可只得在酒吧工作，勉强维持生计。为了获得成功，她不惜采取丰胸手术，利用身体的每一寸性感来获取爱情和关注。

悲哀的是，人们对她的记忆仅限于出格的言行举止和婚姻：她在26岁那年嫁给了年逾60的石油大亨，还在2005年澳大利亚MTV音乐录影带大奖颁奖礼上半裸上阵。两年之后她的死讯传来，久未露面的情人们纷纷出现，只为了争夺她遗留的巨额财产，她的小女儿丹妮琳被卷入父权

争夺的旋涡中心。

☆ 亲密关系

在谈到"性"时,女孩们可以滔滔不绝地说上很多,但很少有人能从中获得心心相印的"亲密感觉"。亲密感能够加深两性关系,促进爱情发展。心理治疗师罗杰·霍罗克斯收治了很多患者,其中不少都经历过"美好的性爱",但仍无法避免心理疾病,霍罗克斯将其称为"内心深度残缺以及自我剥夺"。"他们的生活并不缺少乐趣,"霍罗克斯指出,"但由于幼年时缺乏约束、遏制和有效教导,最终在成年后无法拥有获得亲密关系的能力。"这个结论非常残酷,足以引起家长和性教育者的充分重视。无论性关系有多重要,那也只是生活的一部分,当性被塑造成唯一重要的生活经历时,我们就彻底地误入歧途。

女孩们似乎没有在性关系里体会到应有的乐趣,《女友》杂志曾针对"女孩和性"做过一项在线调查,结果发现有1/4的女孩在14岁前偷尝禁果,有28%的人得过性传播疾病,而58%的人对最近发生的性行为感到懊悔。

心理学家迈克尔·格雷格专注于青少年心理健康领域,他认为很多女孩从小到大关注的只是"从玩具到男孩"。为了更好地理解"亲密关系"的含义,女孩们首先要做的莫过于认识自我,思考什么才能让自己从内心深处感到快乐。很多女孩从未想过这个问题,她们乐此不疲地追逐性感,没有喘息的时间。此外,家长在帮助女儿体会"亲密感"上扮演着重要角色,需要营造适当的家庭环境,尊重女儿的复杂情感,重视孩子在成长道路上的需求。

女孩们很难坚持自我,来自同伴、广告、电视、杂志和电影的重重压力,让她们喘不过气来。当然,并非所有女孩都会屈服于压力。事实证明，那些积极投身公益活动、拥有亲密好友、性格鲜明的人，往往更欣赏自己并对以往的所作所为感到满意。但也有些女孩认为自己的朋友"非常黏人""互相监视""形影不离"。拥有良伴会让一切大不相同，也更有利于坚持真我。

那些积极投身青年团体的女孩往往感到由衷的快乐，"我很自信，我知道自己是谁，不用变成别人想要的样子，"基拉（17岁）说道，"我就是我，不喜欢我的人请走开。"这些女孩跟同龄人一起，在团队首领的领导下克服困难、收获颇多。团队首领比她们的年龄稍大，不但理解她们，还能提供良好的建议。这些女孩在处理难题时思维清晰、行事果断。那些上过私立学校和艺术表演学校的女孩也有同感，因为这些学校都以标榜个性为傲。近来的研究也证明了这一点，少女们需要进一步加强社交技能，以应付汹涌而来的同伴压力。

跟那些拥有相同信念和相同期待的人待在一起，相当于获得了支持，而不是出去游荡，随意交往，浪费时间。（我们）要跟相处得来的人交往。

——乔伊，16岁

年轻教师在这一问题上扮演着重要角色：在消除代沟的基础上，让女孩们降低戒心，表达自己对性和性感的看法，帮助孩子获得必要的支持。

☆ 父亲缺乏症

为了帮助女孩做出正确的选择，模范好男人必不可少。否则，女孩对异性还有什么期待？美国和新西兰的两项长期研究发现，经常发生性行为的女孩有一个共同点，即从幼年时就没见过父亲，其次是那些幼

年时失去父亲的女孩，最少发生性行为的则是有父亲陪伴长大的女孩。那些没有父亲的孩子从小目睹母亲在不同的关系中纠缠，被认为受到了"早期的不稳定的异性关系"的诱导。这些女孩从内心深处患有"父亲缺乏症"，如果女孩没有父亲，那么男性长辈也应该通过家庭接触和谈话，给女孩普及异性知识。

一位老师指出，很多"问题女孩"都缺乏良好而稳定的父女关系。如果少女的生活中没有"父亲"这一角色，一定要有其他男性亲属进行填补。否则，女孩在男性面前常常束手无策，易受伤害。正如这名老师所说："一些女孩喜欢依赖男老师，某些表现甚至很轻浮，因为她们不知道在老师身边该怎么做。"

如果女孩只了解"性"，但对"亲密感"一无所知，她们更容易遭遇没有感情的"爱情"，更谈不上收获乐趣和尊重。性感不应该成为人生的目标，要知道除此之外生活还包含很多内容。我们需要做的是为女孩提供更多的媒介选择，让多媒体环境变得时尚而有趣，同时兼具教育性。

酗酒的女孩们

在这个世界上，一切事物都在迅速变化，我们的女孩也不甘落后。跟三四年前相比，她们的心智和生活都发生了极大的变化，女孩们几乎每天都在发现"新大陆"。快速改变的生活给年轻一代带来不少刺激，但也远远超出了她们的应对能力范围。酗酒和滥用药物人数急剧上升，抑郁症更是不甘其后。

与上代乃至上上代人相比，很多女孩在更小的时候就开始接触酒精，其厉害程度甚至远超男孩，豪饮成了"女人味"的表现。"不夸张地说，媒体上到处都是酒精的身影，"惠特尼（18岁）说道，"喝酒成了常事，只要你不开车或是伤害别人就万事大吉。"艾希莉（15岁）也有同感，"大家都在喝酒嗑药，主要是为了好玩，每到这个时候，我们什么都不用想。没什么奇怪的，大家都这样。"

你不可能突然说"我要吃药"或是"我要喝酒"，这是一个循序渐进的过程。两年前，我还曾下定决心再也不喝酒、抽烟，也不跟这些人为伍。但我无处可逃，人人都是这样。

——雷切尔，（14岁）

紧随酗酒而来的是各种挑战和危机，研究表明，酗酒少女遭遇强奸、暴力和自杀的概率是同龄人的4倍；发展多名性伴侣的概率是同龄

人的5倍。青春期的重要之处在于，大脑正处在发展完善的关键时刻，酗酒则会损害记忆力和学习能力。"酗酒往往是嗑药的引子，"一名刑警告诉我，"她们从兄长或男朋友那里拿到酒精饮品，这些所谓'男朋友'年龄较大，往往都爱惹是生非。女孩们似乎觉得跟这种'坏男孩'交往更刺激。"如今，警察的例行工作就是拉起醉醺醺的年轻姑娘，将她们送回家或是送到医院。"家长们吓坏了，他们什么都不知道。"

出租车司机对这些事了如指掌，他们经常在周末应付烂醉如泥的女孩。这种事总让司机们感到很头痛，女孩们不仅醉醺醺的，而且经常在车上呕吐，他们不得不自己清扫汽车，还得消除异味。还有些司机心怀不轨，醉酒的女孩可得当心了。

家长并不知道现在的情况，他们总觉得"我年轻时也喝酒、参加派对，然后交男朋友，没什么大不了的"。其实时代已经变了。

——娜塔莉，七年级教师

如果跟医务人员交流，你会发现更可怕的事实。酒精中毒的女孩越来越多，足以引起人们的警惕：如今，每20个学龄青少年中，就有一个孩子每月至少喝50次酒，一些女孩甚至因呕吐而无法维持呼吸道通畅。我们能做的就是对这些少女严加监控，避免让她们死于窒息。"这种感觉叫作无助，"一名急诊室的护士表示，"太令人痛心了。"这些女孩往往只有12~14岁，醉醺醺的她们毫无反抗之力，极易遭遇强暴事件。可怕的是，有时候她们的父母根本不知道孩子跑出去了。

这名护士已经目睹过太多突发事件，也知道烂醉如泥的女孩是如何被警察从公园里"捡回来"的。例如，有一个女孩到医院时吐得一塌糊涂，已经不省人事，也找不到身份证件。当医务人员帮她脱掉脏衣服时才发现，她的内裤已经不知所踪，这意味着她此前遭遇了强暴，但女孩醒来后对此毫无印象。"很多女孩说自己的酒里被下了药，"护士告诉我，"经过化验，有些的确如此，但大部分女孩只是喝多了，她们常常在几杯酒下肚之后就不省人事。"

这名护士还向我讲述了一些醉酒女孩的可怕经历，她们很可能会从高处跌落或是跳下，然后造成头部和其他部位损伤，或是跟同样醉醺醺的朋友一起开车。许多年轻女孩聚在一起，嗑药、喝酒、彻夜狂欢。这些场面似乎令人难以置信，但确实是真实的，而且在不断地重复上演着。如果家长们发现了这些，要克制心头的怒火和悲痛，用坦诚和冷静的态度鼓励女孩坦白心声，向她们阐明醉酒的危害。可以给女儿讲讲其他女孩的经历，这不失为一个好办法。此外，家长要尊重并对青少年流行文化表示兴趣，以消除孩子对家长的防备心理。

☆ 酒精与计划外性行为

饮酒过量更有可能引发计划外性行为，这种性行为通常是没有安全保护措施的，一些女孩甚至对自己何时何地，跟什么人发生关系一无所知，这让她们更容易成为性侵害目标。一项针对14~21岁意外怀孕女孩的调查表明，有1/3的年轻女孩在喝酒之后发生性行为。现年17岁的乔治娜目前正处于康复期，她沾染酒精时年仅13岁，随着酒量越来越大，她常常出现短暂性昏迷。"有时我会突然醒来，然后就发现那些男孩在占我便宜，太恐怖了，"她回忆道，"有时候是认识的人，有时候是陌生人。"

这样的故事还有很多，近来我的周围就发生了这样一件事，一名女孩被同伴故意灌倒，然后进行轮奸，被拍视频后的她被"朋友们"赤身裸体地扔在家门口，但这个女孩完全不记得发生了什么，也不愿意进行回想。此时，她的视频已经在学校里暗暗流传，这个事件无疑给她造成

了极大的伤害，这种创伤在短期内无法愈合。

正如一名老师所说："家长并不知道现在的情况，他们总觉得'我年轻时也喝酒、参加派对，然后交男朋友，没什么大不了的'。其实时代已经变了，女孩会跟很多男孩发生关系，她们还会喝酒喝到呕吐，甚至昏迷。"

关于酗酒这件事，每个女孩的经历都不尽相同。"这很正常，"阿比（17岁）表示，"我这个年龄有一半的女孩喝酒，大多数女孩办假身份证或是拿姐姐的证件，每个周末都喝得酩酊大醉，有些是因为成绩不好，有些则是压根不想上学——更像是逃避现实。她们一起喝酒，互相关照。"

对很多女孩来说，酗酒已经成为每个周末的必做之事，这样的女孩还在不断增加。一些少女在跟我聊天时表示，自己经常见到其他人狂吐、昏迷乃至不得不进医院洗胃。莎拉（17岁）说道："我16岁以前从没去过派对，有时在朋友家借宿也只是一起吃比萨和糖果。第一次参加派对的时候，就看到人们呕吐的丑态。"尽管酗酒已经成为常事，许多女孩仍然无法直视，15岁的艾希莉表示："太恐怖了，如果你能保持清醒，眼前的场景简直就是场灾难。"阿兰娜（18岁）赞同她的观点："我很憎恶这种局面，所以从不参与其中。"

☆ 喝酒让女孩更容易受到伤害

有人认为，女孩喝酒更能在异性面前展现自己的魅力，事实并非如此。很少有女孩会意识到，酒精会让自己软弱到毫无还手之力。默多克儿童研究所的约翰·敦布罗曾在美国和澳大利亚做过一项扩展性研究，结果发现，那些十二三岁就开始喝酒的孩子，如果每年喝酒超过3瓶，他们很可能到了十五六岁就开始酗酒。其他的研究则表明，那些15岁以前就喝酒的人，日后成为酒鬼的概率是正常人的4倍。

青春期女孩的自尊心极易受挫，"喝一杯"已经成了她们排解焦虑的手段之一。"喝酒会让我在一些社交场合下变得自信，"惠特尼（18岁）说道，"对我来说，酒精会让我感到放松。"关于两性关系，女孩们则常常因为顾虑同伴的想法而不敢拒绝。"一旦有人做了，大家就会一拥而上，"艾希莉（15岁）解释道，"最后事情也就见怪不怪了。"这其中，那些不做的人会感到压力的存在，会焦虑，会怀疑"我不这样的话会不会不好"。一旦试图通过喝酒排解压力和焦虑，那么以后很可能养成习惯，最终积习难改。

女孩们不仅擅长醉酒，还深谙掩饰之道。"很多孩子（女孩）十三四岁就开始喝酒，父母压根就不知道。"乔伊（16岁）告诉我。很多女孩都有同感，伊薇（15岁）说道："大人一无所知，女儿悄悄地溜出去，等回家的时候酒已经醒了，这很容易。"

对于想掩盖事实的女孩来说，通宵派对是个好借口，可以为她们赢得更大的自由。为了控制局面，家长要确保让女儿夜晚归宿，只允许女儿在熟悉的朋友家借宿，确保对方的家长同样警惕负责。晚上外出"逮人"是很麻烦，除非确定孩子很安全，否则一定要把她找回来。明智的家长会保留女儿朋友和对方父母的电话，保证联系畅通。

☆ 不醉不休

饮酒文化在青少年一代被逆转了，如今，越来越多的女孩仅仅是为了喝醉。几个世纪以来，酒精在欧洲已经成为饮食良伴，更像是一种心情调节剂。在斯堪的纳维亚半岛、意大利和葡萄牙等地，青少年酗酒已经成为问题；而在西班牙，因为喝酒而被送到医院的青少年人数比之10年前翻了一番。2002—2003年间，德国医院的急诊室接待过"醉酒昏

迷"的青少年人数同比增长达26%，其中一半为十几岁的少女。不仅如此，酗酒还会造成更多的后遗症，研究人员发现，青少年肝功能损伤常常跟父母纵酒有关。

很多人喝酒、嗑药，但只要她们不说，家长就一无所知。报纸上报道的都是最极端的例子，所以家长以为孩子只是喝点儿小酒。

——卡莉，16岁

☆ 女性饮酒后果更严重

酗酒给女孩带来多方面隐患，由于体内脂肪和水的比率增高，女孩对酒精的代谢能力稍逊于男孩。因此，在饮酒量相同的基础上，女孩血管内的酒精含量明显高于男孩。研究还显示，女孩难以代谢酒精是因为她们的胃部无法产生同等数量的用来分解酒精的酶。因此，她们喝得越多，胃部所承受的压力就越大。通俗的说法是，女孩的一杯酒几乎等于男孩的两杯。目前，医疗专家还无法弄清楚酗酒给女孩带来的所有身心的影响，他们认为：酒精会阻碍青少年的成长和发育。因此这个问题需要家长和老师进行督导。

那些女孩周末喝酒，第二天根本不记得自己的所作所为，她们上学时还调侃彼此的酒量，以及吃了什么药。

——佩塔，16岁

有些时候，家长会邀请未成年少女在家喝酒，以帮助她们学习如何控制自己。悲哀的是，这种行为常常会产生相反的效果，深谙此道的女孩们最终让酗酒成为青少年文化的一部分。研究表明，女性开始喝酒的年龄越早，发生酒精依赖的可能性越大。

☆ "冰锐"不仅仅是饮料

很多女孩青睐水果酒或"冰锐"（百加得朗姆预调酒），这些饮品的外观和口感跟软饮料极其相似，但酒精浓度远远高于大部分啤酒。目前，超市里的水果酒有数十种之多，家长并不觉得给未成年女儿买"冰锐"有何不妥。如今，新上市的"黑标"啤酒威力更强，平均酒精含量为5%。

女孩子很喜欢水果酒，因为它的味道很甜，其实它的外号叫"杀手"，因为这种酒很容易喝醉，而且危害特别大。人们想当然地以为水果酒没什么，事实并非如此。

——乔治亚，20岁

大多数青春期女孩不喜欢啤酒和葡萄酒的口感，"冰锐"自然成为上上之选。伏特加酒和白朗姆酒更符合青少年的口感，因此被广泛用作调酒的基础酒。酒中所含的甜味添加剂更是有效掩盖了酒精的味道。

不仅如此，"冰锐"还有多种口味可以选择，如青柠、蜜桃、蓝莓和柠檬等。跟酒吧里的其他饮品相比，"冰锐"的价格也很诱人，女孩们完全可以买上一打，足够她们彻夜狂欢。此外，还有一款名为Archers Aqua的水果酒，号称是第一款"专为女性量身打造"的方便饮料，提供含野生蓝莓、苹果和香蕉在内的混合饮品。如果单看广告，你会以为孩子们喝的只是果汁饮料。

☆ 女孩为何喜欢喝酒

为什么年纪轻轻却喜欢喝酒？原因有很多：一方面，明星酗酒使得这种行为偶像化、常态化，少女们耳濡目染，自然不把喝酒当回事；

另一方面，家里有哥哥姐姐喝酒的话，妹妹喝酒的概率就会增加。如此一来，那些不想喝酒的孩子就更难坚持自我，"压力到处都是，"密西（15岁）承认，"我知道有些朋友在派对上喝酒，她们会整晚整晚地喝'冰锐'。"

对商家来说，青少年们无疑是个新兴市场。澳大利亚市场上的水果酒已经超过400多种，仅2006年就有1600万升水果酒从这里出产。上一年度的预调酒销量增幅达9%，相比之下，啤酒和葡萄酒的同期销量增长仅为1%。近日，全科医师高峰论坛出台的一份名为"准备好喝酒了吗"的报告显示，青少年饮酒量已经足以"引起重大健康和社会危害"。

酒类广告在少女酗酒问题上扮演了重要角色，国家药品和研究中心的一项针对14~15岁孩子的调查表明，有3/4的人认为"冰锐"非常适合未成年人。酒类广告是促使少女喝酒的原因之一，几乎所有的酒类广告都在向女性宣传一个"事实"，即酒精是增加情趣氛围的良方，同时还能提升性感度；对少女而言，酒精则能帮助她们找到帅哥男友。女孩们还希望通过喝酒证明自己"长大成人"，此外，喝酒似乎也是放松发泄的好办法。

面对此情此景，家长是否已经无能为力？事实并非如此，家长能做的就是开诚布公，坦承自己对青少年饮酒的看法和感受，帮助未成年少女深入了解酒类广告的实质和目的。此外，重视孩子的自尊感、强烈的自我意识自会促使少女择善而从。

嗑药、盗窃——处在危险边缘的女孩

    麻痹少女的不只是酒精，滥用药物的势头也在不断壮大。有证据表明，当前一代在15周岁前使用非法药物的概率，是上代人的15倍之高！"无处可逃，大家都在嗑药，因为这很酷。"桑迪（14岁）坦白道，这种说法受到其他女孩的一致认可。市面上的药物还在不断更新换代，但很少有家长发现，药物已经成为青少年生活不可或缺的一部分。

    家长不仅要警惕非法药物，还要密切关注处方药。随着使用人群的日益扩大，处方药已经成为生活的"好帮手"，有些少女甚至把家里的药（如利他林）偷出去跟朋友分享，一起过瘾。她们什么都敢吃，从咳嗽药到止痛片一个不落。家长则对此一无所察，因为孩子的"作案手法"着实高超。当然，网络也起到了必不可少的作用，从如何通过药检到如何搭配吃药更过瘾，网上有全套教材可供学习观摩。少女们还能直接从网上下单购买处方药。

    在跟女孩们聊天的过程中，我清楚地看到了一个事实，她们很少告诉父母自己在嗑药。"这可不是小事，"伊薇（15岁）说道，"也不是为了好玩。"13岁的莉莉也有同感："学校里药物泛滥，但家长根本想不到。每个人都能轻而易举地拿到药物，我甚至因此失去了一位朋友。她吸食大麻后，变得喜怒无常、性格古怪，跟男朋友分手后又交不到朋友，后来再也不上学了，她只有15岁。"

　　我们都希望看到少女们积极拥抱生活，但事实很可能事与愿违。研究表明，使用非法药物的女孩数量几乎跟男孩持平，而吸烟和服用处方药的少女甚至超过了男生。此时，她们的身体和大脑尚处于发育阶段，完全没有意识到自己正处于危险边缘。当我问到有多少人在派对上吃药时，得到的回答是40%~60%之间。

　　为何如此众多的未成年少女热衷于毒品药物？一名警官这样解释道："开始被酒精吸引，后来转向大麻，之后是兴奋剂（冰毒）和摇头丸。有些女孩另辟蹊径，开始吃安非他命。而摇头丸则广为大众接受，孩子们似乎并不知道自己在做什么，不然不会这样冲动。对她们而言，摇头丸足以取代酒精（多数饮品还会增肥），只需要吃上一两片就能'high'（快乐）上一整晚。"

　　我去参加派对看到，他们吸大麻、喝啤酒，家长对此一无所知。有些人在后院种大麻，家长居然视而不见。他们肆无忌惮，而且近乎疯狂，至少有40%的人在派对上失去控制、丑态百出。

——基拉，17岁

　　药物顾问、学校辅导员和儿童心理学家告诉我们，大多数年轻人都是在朋友和熟人的引导下接触药品的。一些少女因为好奇或是受同伴影响而步入雷区，其他人则希望能通过嗑药来解除烦恼。无论出于什么动机，嗑药都会对少女们的身心发展造成伤害，有的人甚至在嗑药的同时喝酒，其危害自不必说。面对此情此景，家长能做的就是鼓励孩子不要隐瞒，勇敢说出事实。如果情况属实，家长无疑会感到沮丧痛苦，但仍要努力向孩子伸出援助之手，否则一切都不会改变。另外，家长需要弄清女儿吃药的动机，从而解决更深层次的问题。

　　未经周折，药品几乎在不经意间就成为女孩生活的一部分。"一个朋友把那些药专门放在一个小包里，我去找薄荷的时候发现了被吓了一跳，这种情况在学校很常见。"佩塔（16岁）告诉我。到处都是吃药的地方：学校、大街、派对，少女们的"作案手法"极其高明，家长和专家们很难估算出真实数目，即便是儿科专家，也无法统计出详细的数据。

☆ 我行我素

酒精和药品法案效果欠佳，原因在于没有从源头上解决少女们的嗑药问题，这也是家长和老师无法命中靶心的原因。这代人喜欢自行其是，"即使电视反复宣传吸烟的危害，孩子们仍然无动于衷，因为他们觉得'不会发生在我身上，跟我没关系，这是吸烟三四十年以后的事情。'我觉得他们就秉持着这种'我绝不会死'的心态，然后大胆去做任何事。"佩塔（16岁）告诉我。摩根（16岁）表示赞同，"我很讨厌别人说'做你自己'和'禁止嗑药'，我知道他们动机很好，但很多孩子已经把吃药当成习惯，那些无关痛痒的宣传教育根本不会起作用。"

是的，青少年们深深地为药物和酒精着迷。我们一天天地长大，希望能体验所有20岁人都会做的事情。这些行为本身就是我们长大成人的证明，就像是"噢，我在参加派对，有的人抽烟，有的人嗑药，而我正在喝酒"。

——卡莉，16岁

佩塔（16岁）坚持道："酒精唾手可得，但药品不是。父母总说滥用药物不好，但他们本身对药品的作用都一知半解，凭什么说我们不对？我们需要看到事实，这只能靠自己探索。"女孩们最常做的就是寻求朋友的建议，因为她们拥有相同的经历，也会面临相同的问题。最重

要的一点是，朋友一直都在身边。

☆ 排解压力

女孩一旦步入青春期，即将面对的就是错综多变的社会生活。女孩们不得不走出自己的象牙塔，学习如何赢得别人的喜爱，如何成为集体的一分子，同伴的态度、价值观和期望对她们而言至关重要。研究表明，女孩比男孩更易受到同伴的影响和压力。如此一来，很多少女纵情于酒精和药物，试图通过这些来增强自信，甚至逃避束缚。"我有一个好朋友被药物毁了。她常常不在状态，我说什么都没用，"伊薇（15岁）告诉我，"她太关心别人的看法了，不得不一直（跟着别人）嗑药。"

压力被认为是少女酗酒、吸烟、吃药的重要诱因，女孩们的态度也证明了这一点。乔伊（16岁）表示："很多人沉溺于酒精之中，试图借此来逃避问题，与其敞开心扉，他们更希望在烂醉如泥中遗忘一切。"许多少女下意识地在压力面前选择逃避，"药物和酒精令人愉快，"卡莉（16岁）解释道，"特别是当你感到烦心的时候。"这就让我们不得不正视女孩所面对的压力，她们也需要私人净土冷静自我，暂时从朋友、手机、网络和购物中心中解放出来。我们要更加努力地帮助女孩们减少压力，让她们绽露笑颜。

☆ 入店行窃

入店行窃问题不容小觑，许多女孩行窃的动机仅仅是为了追求刺激。据来自美国的数据表明，在入店行窃的青少年中，有3/4都是未成年少女。对她们而言，这种行为"酷极了"，同时也是一份自我证明。

这点在电影《十三岁》（*Thirteen*）里面体现得淋漓尽致，女主角特蕾西就是因此收获了野性女孩伊薇的友情。

"入店盗窃真的很时髦，"桑迪（14岁）坦称，"我的朋友从商店里偷偷拿走衣服，包括不喜欢的衣服，但她们觉得不用付出就能得到的行为很酷。然后，她们会把衣服穿几天再放回去。为此，她们想方设法、不择手段——哪怕那件东西就值两块钱。"

我有一个朋友，她总是去商店偷东西，因为她爸妈不给她买。她偷过Billabong冲浪体恤和Ripcurl沙滩服之类的衣服，她知道怎么把标签拿掉。

——乔治亚，20岁

女孩们偷窃的理由可谓是花样百出：有的人是为了满足自己的欲望，或是报复社会；有的人则为了让朋友满意，或是发泄痛苦、烦恼和绝望。生活在这样一个物质至上的世界，买不起又难以控制欲望的时候，她们就干起了行窃的勾当。"女孩们偷的大多是衣服，"一个女孩告诉我，"她们在学校偷同学的，在家偷家长的。"但有的时候，做点有风险的事情会让青春期女孩感到格外兴奋，甚至会因此上瘾。专家认为，少女们很享受这种"从无到有"的满足感，她们把入店行窃当作一种回报。家长需要深入了解女儿的想法，及时寻求专业帮助。这种行为看似愚蠢又孩子气，但也说明仍有一些深层次问题亟待解决。

孩子到了青春期阶段必须直面很多事情，其中不乏风险和危机，这是成长中很自然的一部分，但很少有人意识到自己处于事实上的弱势地位。女孩们觉得电影或网上视频里面展现的危险行为有趣而刺激，甚至热切期盼危机到来。一些家长甚至鼓励这种行为，因为这让他们也仿佛回到了年轻时代。

然而，父母与女儿之间的谈话必不可少，家庭交流的作用更是不容小觑。一个女孩告诉我，她之所以强烈反对入店行窃，是因为家里讨论过这种行为，这就像是饥饿的人偷取食物一样，可以被他人理解但绝对会让家庭蒙羞，他们家并不需要以偷窃维生。

☆ 鼓励孩子走上正途

一些家长非常害怕女儿沾染酗酒、入店行窃和嗑药等行为，一旦事情发生只会一味地指责孩子，无端把事态扩大化。很多女孩觉得家长不了解自己的压力，也没有给予她们充分的信任。毫无疑问，少女们的确需要有人指点迷津，正如乔伊（16岁）所说："孩子偏离正确的轨道当然会让父母不高兴。"尽管有些时候女孩们表现得软硬不吃、刀枪不入，实际上却很渴望得到承认和尊重。

少女们需要更多的支持才能敞开心扉，一味地保护无济于事，明确雷区的位置才能让她们知道如何做才是正确的行为。研究表明，明确"边界"的概念有助于少女大脑中负责"行为限制"的神经中枢发育成熟，女孩才能学着做出正确的选择。青春期少女梦想的太多：想让父母和朋友满意，想要变得苗条而美丽，想要变得成功而受欢迎。如果能减轻压力、增加动力，她们就有机会去体验一段崭新的人生。

愈演愈烈的少女抑郁倾向

综合上文来看，女孩们面临着来自媒体、家长、同伴等多方压力，人们一点儿也不奇怪为何抑郁症在青少年群体中愈演愈烈。有报道显示，15%的学龄少女认为自己不快乐，1/5的女生心理压力之大——几乎达到承受极限。另一项研究统计，有3/5的女生"一直"或"有时"感到精神紧张，主要原因是过于担心体重、外形和整体印象。在着手解决问题之前，我们首先要关注一个新词——"过度刺激"。青春期少女持续受到MTV、iPod、杂志、连续剧、电影、手机和网络的刺激，不断感受不同程度的娱乐和信息体验。再加上来自学校课业、矛盾冲突的扩展、思潮的变迁和就业前景的压力，少女生活之灰暗可想而知。

不知道为什么，去年夏天的我特别绝望，绝望到开始伤害自己，一条条疤痕熄灭了我的怒火，让我感到愉快。我试着隐藏伤痕，但还是被妈妈发现了，还引发了一场大战。我还计划过自杀，比如上吊什么的。但没付诸实践，妈妈发现了伤痕，还找到心理辅导师，我讨厌那个老师，但她的确挽救了我的人生。

——金发小鬼，gitls life网站用户

☆ 疲于奔命的生活方式

我们不禁要深究：少女们到底要追求什么样的生活方式？事实上，

她们多是按照父母制订的日程表疲于奔命，而日程表则折射出的是父母的狂热生活方式。这使女孩们无喘息之机。现在的人们总要说到做到，表面看来她们也真的非常努力，又热爱生活。我们赞美这种蓬勃的生命力，也要表扬她们的适应能力。但在和她们交谈时，你会很快意识到忙碌的生活方式并没有给她们带来相应的满足感。

究其原因，如今的女孩社交生活忙碌，表面上的自信和自控力并不代表她们就能从中获得满足，更不代表她们已经完全成熟。惠特尼（18岁）坦称："我们没有安全感，也很缺乏自我意识，经常想得太多，然后让问题复杂化。"如今的青少年外表自信、精于世故，其实生活圈非常狭窄，他们不是关在自己的小世界里，就是跟有共同兴趣爱好的朋友待在一起。毫无疑问，青春期少女需要友谊，需要表达自我，但这些不足以帮助她们应对多变的生活和挑战。此外，选择跟你价值观相同并可以信任的女性长辈或世交，亲近她们并建立深厚的友谊，有助于扩大眼界。这笔无法估算的财富，是同伴和自己的父母无法给予的。

☆ 自我意识薄弱

很多教育工作者认为，现在的青少年面对失败束手无策、无能为力，一旦友谊土崩瓦解，就仿佛身陷泥潭、无法自拔。在困难面前，他们的应对能力可谓是螳臂当车，这点远远逊色于前几代人。"患抑郁症和焦虑症的孩子不在少数，"一位辅导员告诉我，"他们压力很大，但缺乏相应的应对能力。"这种脆弱感让孩子们丧失自信，正如一位学校辅导员所说："有些孩子父母离异，生活在重组家庭里；有的孩子父母忙于工作，经常不在身边，这些孩子本身就很脆弱。"一些雄心勃勃的家长"善于"给孩子造成压力，有些则喜欢对孩子指手画脚、过度控制。

近期研究表明，抑郁人群尤为敏感，更容易察觉到周围人的情绪。

自信表面下掩藏的是强烈的焦虑感，这种焦虑可能来源于朋友，也可能出于对未来的担忧。在某个以"孤独"为题的聊天室里，萨尼说出了很多女孩的心声，"学校到处充满着谣言、争斗、误解和不理想的成绩，我做的每个决定都大错特错。没有人听我说话，大家都那么忙，也许只是不想说。如果我说生活毫无乐趣，她们就会用不可思议的眼神看我。我真想把自己封闭起来。"

女孩们要面对各式各样的压力，我们只有正视这点，才能帮助她们提高应对能力。将大量时间花在课业任务上毫无益处，只会让孩子像陀螺一样疯转。人生在世，总有痛苦难过之时，得让她们明白，人有喜怒哀乐，月有阴晴圆缺，情绪变化很正常，这有助于少女重新评估自己，使她们学会量力而行。除此之外，就连家长对恐怖主义和全球变暖的反应也会影响女儿对世界的看法，总是谈论负面话题，孩子自然无法变得乐观。一旦孩子深陷抑郁而无法自拔，寻求专业帮助无疑是上上之选。美国的一项针对10~19岁孩子的调查显示，2005—2006年服用抗抑郁药的人数增加了9%，其中男孩的比例只有不到1%。同时期内，服用处方药助眠的女孩人数增加了12%。

☆ 过于敏感

通常我们认为那些远离父母、被同伴孤立的女孩最有可能患上抑郁症，研究发现，抑郁症人群往往更加敏感，更容易察觉到周围人的情绪，但很难对自身的情绪进行控制和处理。这个年龄段的女孩总认为自己要对别人的情绪负责，尤其擅长察言观色。裁员压力、健康问题、精力枯竭、信心递减、养老负担，家长们的压力也很大，如经济拮据、

健康问题、体力衰减、信心低落、年龄增长、上有老下有小等，但如果家长心理脆弱，把这种负面情绪传递给孩子，这会给孩子带来很坏的影响。应当适时开导孩子，让她明白家庭压力非常正常，无须归咎于任何人。让孩子对复杂的成人世界有个初步认识，并学着去解决一些简单的问题。

如果某种情况给孩子造成困扰，又无法摆脱时，家长必须伸出援手。另一项研究发现，无论是校园暴力的受害者还是施加方，两者发生抑郁症和自杀行为的风险正在逐步上升。这一观点非常新颖，提示我们要用整体的观念看问题，对事情进行全面的了解。

青春期少女在情绪低迷时更倾向于向朋友倾诉，或是在网络和媒体上寻求答案，这点着实让家长苦恼不已。其实，家长和其他长辈扮演着不可或缺的角色，是帮助女孩走出绝望，获得有效专业帮助的最佳人选。

抑郁症专家伊恩·希基教授认为，流行文化过于重视自我也在某种程度上加深了青少年的孤独感，剥夺了年轻人的社群意识。此外，孤独感还会加剧青少年和家长之间的代沟，让彼此失去信任。"老师不会找你谈话，也不会关心你近来的行为。他们只会问你作业有没有完成，真没意思，他们根本不关心我们。"桑迪（14岁）说道。

有时候聊天能帮助你放松，但有的时候只会让自己更有压力。

——乔伊，16岁

☆ 酗酒、吸毒加重抑郁倾向

酗酒和抑郁症之间存在明显联系，针对成人酗酒的研究发现，女性酗酒者更易患上抑郁症。这点同样适用于青春期少女，酗酒不仅会改变身体中的化学物质，引发抑郁情绪，还会降低心理自制力，"鼓励"女孩放纵自己，做出疯狂之举。女孩一旦从酒精中清醒过来，面前的一切更会将她们拉入绝望的深渊。

与此相比，毒品药物问题更为复杂：市场上的药物不断推陈出新，大麻这种"旧货"也已经改头换面。20世纪60年代风靡一时的大麻经过水培栽种，已经今非昔比，经过营养液栽培的大麻，富含D-9-四氢大麻酚（略作THC），主要活性成分的浓度更高，繁殖过程中使用的化学物质和肥料也会对使用者造成伤害。此外，大麻还会导致大脑功能改变。有报道称，有人在短期服食大麻后引发精神失常，这种情况还在不断增加。女孩吸食大麻的年龄越小，对大脑的影响越大，更容易引发抑郁症、自杀倾向和精神分裂症，甚至导致服药上瘾和心理健康问题，给未来的生活埋下隐患。

广受青少年欢迎的摇头丸也存在风险，长期使用会给思维和记忆力带来损害。摇头丸的药物机理是消耗神经中枢的血清素，促使服药者情绪高涨，长期服食极易导致抑郁症。在一项针对摇头丸的研究中，1/3的女孩承认自己服用摇头丸后的两周内有自杀倾向，另有3%的女孩直言"我想自杀"。

为了弄清事态发展，首先要弄清的问题是，青春期少女到底有多成熟？正如心理学家和学校辅导员芭芭拉所说："我常常觉得孩子们是被揠苗助长，凶手正是我们赖以生存的信息社会，其实她们都只是孩子。"芭芭拉还发现，女孩们很难从家长身上得到她们需要的支持，因为家长在问题面前也不知所措，或是根本没有意识到女儿有多脆弱。

家长首先要看到孩子肩上的压力，然后才能帮助她划清界限，在了解毒品和药物作用之后再去劝导孩子，这样女儿才不会觉得父母孤陋寡闻，于事无补、于己无益。正确的教养方式在于保护她们，而不是让她

们随波逐流，否则只会让女孩渐行渐远。以下是某论坛关于是否应该吸食大麻的一段对话：

> 现在的我特别快乐，所以这是我的选择。——Mourning Air
>
> 我在使用，但不建议你们也这样。——Branflakes
>
> 我爱野草（大麻）。——Xxredcustsxx
>
> 好吧，如果你想尝试所谓"毒品"，那就试试野草吧，它会让你感觉很棒，也不会有副作用，不会像其他该死的药物一样上瘾。也不会因为上瘾而有朝一日出现在疗养院里。野草最棒！！——chyk4nv

帮助女孩治疗抑郁症时，要时刻保持高度警惕，看似不起眼的小事都有可能导致抑郁症加重，将她再次推入绝望。抑郁症患者往往自我意识脆弱，一直游走在边缘地带，一点儿失败或失望都可能导致心理崩溃。对家长而言，首要问题是理解女儿，然后才能做出正确的回应。

自杀——生命中不能承受之重

重型抑郁症患者往往认为，自杀是唯一的出路。2007年4月，年仅16岁的斯蒂芬妮·盖斯特勒和乔蒂·盖茨被发现死于墨尔本丹顿农区，死因为上吊自杀。两名少女生前患有抑郁症，当脑子里的最后一根弦崩裂之后，孤独和对未来的恐惧将她们推向了死亡的悬崖。

随后警察发现，乔蒂在选择死亡的几个月前曾在她的MySpace网站上发表了3篇告别诗歌，而就在自杀前不久，她发表了一条状态："愿斯蒂芬妮和我都获得解脱。"而斯蒂芬妮在她的最后一条状态上表示，自己需要找个人倾诉。在所有人的印象中，斯蒂芬妮就是一个安静的女孩，喜欢听歌、上网，是一个再普通不过的青春期少女。

对两个女孩来说，生活原本该是充满快乐和希望的。斯蒂芬妮曾经也有自己的朋友圈，但当她开始为情绪摇滚和服饰着迷时，她的朋友们纷纷离开了，同时开始遭遇的还有校园暴力。人们的说法是，斯蒂芬妮常常受到欺负，而且暴力不断升级，乔蒂也是如此，她还接受过心理辅导。就在两名少女走上不归路的前不久，乔蒂刚刚转学，搬到父亲和新妻子的家里。两个女孩失踪的消息让大家十分担心，但没有人想到她们会选择自杀。

这是一个彻头彻尾的悲剧故事，很多人认为情绪摇滚文化是导致悲剧的罪魁祸首，而实际情况更为复杂。在整个事件里，似乎没有人关

心两个女孩的感受，没人知道她们内心的绝望，事实上她们也曾向人哭救，但并没有得到重视。女孩选择发泄愤怒的方式也是导致悲剧发生的源泉。对新兴一代而言，在网上发布感受和状态再正常不过，这个年龄段的女孩都这么做。不幸的是，即使是最想了解女儿的家长，也很少踏足网络空间。

这场悲剧重新将代沟问题摆上桌面，为什么一代与一代之间越来越缺乏沟通？我认为，女孩对代沟的反应比男孩更强烈，因为她们更注重其他人的看法和感受。此外，家长在工作之余很少上网，大多数人都不了解情绪摇滚文化，更不必说少女们感兴趣的其他情感文化。然而，即便家长对青少年情感文化只有个基本认识，也足以帮助他们了解女儿面临的困境。

网络为女孩提供了很多交流、学习和交友的绝佳机会，每当少女被朋友孤立时，网络就成了她们唯一的发泄途径。由于大多数家长并不理解女儿的世界观和价值观，所以孩子常常会有那种"无路可去"的想法，这点并不难理解。本书并非意在指责斯蒂芬妮和乔蒂的父母，毫无疑问，他们跟大多数家长一样，疲于应对青少年生活、科技和流行文化的巨大变化。如今的青少年总在发现新事物，家长们永远跟不上她们的步伐。我们相信，如果家长能多了解一些青少年情感文化，了解空间和博客对于孩子们的意义，或许斯蒂芬妮和乔蒂的人生就是另一番光景。

☆ 哭泣的求助女孩

近来，我潜伏在某聊天室里，种种景象让我不禁疑虑：到底有多少女孩在需要帮助时幸运地得到过支持？远水救不了近火，困难来临时，网友着实爱莫能助。女孩如何帮助彼此渡过难关？又有多少女孩因为无能为力而情绪崩溃？这个问题相当棘手，正如下文所述。

"我最近干什么都没劲，心情低落，"莫莉坦白自己想要自杀，"我的心事只会跟最好的朋友说，她一直在我身边帮助我，她是我在世上唯一的牵挂。我讨厌这具身体，讨厌每件事，我一无所成，简直是在浪费生命。"

很多女孩极富同情心，拉娜立马参与到对话中，焦急地对莫莉说："不要有这种想法！拜托！我不知道你为什么这么想，但我求你了！不要自杀！我不是在开玩笑！你的生命独一无二，不可能没有意义！你也没有浪费任何东西，只要你不虚度生命，每一分一秒都值得珍惜！我真心地恳求你，你的生命远比你认为的珍贵！"

是时候睁开双眼，正视问题了。不知从何时起，在流行文化中充斥着的只剩下伤痛和愤怒，我们想象不到我们的孩子怎么会如此脆弱。每个人都有抒发愤懑、坦承痛苦的时候，但少女们更喜欢在心灵受伤时给自己下定义，这种执念在青少年网站上尤为明显，你可以从他们使用的图片、用户名和网上签名中看出端倪。例如，"没人听我说话，没人正眼看我，没人听我解释。"又如，"快乐之时终不复，叫我永堕黑暗。"再如，"生亦何欢？"这些都是孩子们的签名。

☆ 警惕网络跟风自杀

我们总是以为，这类女孩要么生活在自己的象牙塔中，要么像野马一样失去控制，事实上她们大都过着中规中矩的生活。这些女孩努力想要自己被他人认可，想要跟同伴友好相处。但内心深处萌发的焦虑和不安全感还是一步一步地将坚强的表象摧毁，最终走上绝路。当父母、老师和社会的期望大于青少年本身的能力时，产生的往往是令人心碎的失望，女孩们的压力也可想而知。

跟世界上的其他国家相比，西方国家总是以物质财富自得，其实

这种骄傲毫无价值。研究表明，情感纽带薄弱的社会更容易发生自杀行为。家庭支离破碎、社区互助意识薄弱都是造成少女心理问题的根源。

有报道称，在每起青少年自杀案的背后，起码有一百次失败的尝试。即使这种说法只有部分属实，也足以让人们愕然。我们必须加大对少女心理健康问题的投入，包括增强青少年自我意识。要做到这点固然很难，尤其是在这个"物欲、利欲、性欲"横流的社会里。这种空虚的生活方式剥夺了青春期少女应有的欢乐，这点我深信不疑。当女孩远离家人和朋友，当女孩对其外表失去兴趣，当女孩满怀绝望和罪恶感，当女孩改变饮食或睡眠习惯，当女孩对其所爱失去兴趣，抑或是情绪波动过大时，家长必须立即向专业人士寻求帮助，静观其变或是任其发展都是愚蠢的做法。

不要以为只有性格孤僻的人才会选择自杀，那些"被抛弃"的女孩也会受到极大伤害。在一些自杀事件里，自戕者的同伴也出现了同样的倾向，一起自杀竟会引起诸多效仿。如今，学校和健康专家都已经意识到青少年"跟风"心理的危害。自杀，一直属于禁忌话题，诸多研究表明，媒体报道一直在打破这一禁忌，总是将血淋淋的真相公布于众。我们的建议是，一旦出现类似事件，家长一定要严密看管女儿，掌握孩子的一举一动。

目前，媒体报道在青少年自杀事件上十分谨慎，试图杜绝群体自杀和模仿式自杀行为。广播电台也禁止美化或夸大自杀事件，避免在节目中讨论细节问题。然而，网络管理漏洞却迟迟得不到有效解决，专家担心网络会加大群体自杀的风险，这绝不是无中生有、耸人听闻。当然，网络也有积极的一面，生命线（Lifeline）网站就鼓励人们帮助失意的同伴，但仅有不到1500名MySpace用户关注该网站。但我应该意识到，这一定会成为未来的发展方向之一。

少女暴力问题

说起青少年暴力，我们最先想到的莫过于男孩拳打脚踢的场面。然而，在快速变化的现代社会，少女在此问题上也不遑多让，可谓是"巾帼不让须眉"。据报道，一群少女在德国柏林某运动场内进行勒索，勒索未果竟把这名15岁女孩打倒在地，猛击之后还用烟头点烫女孩的脸部和胳膊，这群女孩均在13~15岁之间。在美国布鲁克林，11岁的女孩在争执中被9岁小女孩刺死，起因竟是粉色橡皮球。而在澳大利亚珀斯附近，两名16岁少女用音箱线勒死同伴，并抛尸在事先挖好的坑里。据一名少女交代："周日早上我们和她醒来聊天，然后由于某种原因，我们打算杀了她。"

我觉得这是受某种音乐的影响，比如嘻哈派。女孩们觉得自己要保持高姿态，要对别人不客气才行——"我是女孩又怎样，照样打得你满地找牙。"

——阿曼达，18岁

一个月后，一名14岁少女因偷窃并刺死21岁男子被起诉。而在悉尼，一名出租车司机（53岁）被发现重伤在地，已经奄奄一息，警方怀疑他被汽车碾过。后经证实，他是被几名14岁持刀少女袭击并抢劫，随后只拿走了手机。

年仅14岁的伦敦少女切尔西·马奥尼热衷于跟一帮男孩外出，殴打吸毒者、流浪汉甚至是路人。这种随街袭击陌生人的疯狂行为被他们称为"开心掴掌"，曾创下1小时内连打8人的纪录，其中包括一名名为大卫·莫利的酒吧经理，人们发现他时，他就像被汽车撞过一样。他的朋友阿拉斯泰尔·怀特塞德也在遇袭之列，眼睁睁看着大卫被殴打致死却又无能为力。切尔西还用手机录下了殴打视频，还计划将录像在网上公布。

☆ 女孩越来越暴力

事实证明，女孩和男孩在暴力问题上的差距越来越小。过去10年间，本地青春期少女暴力事件增加了32%，一些家长对家里上演的暴力行为极度绝望，甚至不得不申请《暴力禁止令》。2005年在澳大利亚新南威尔士州，在10~14岁违反《暴力禁止令》的孩子中，有1/3是女孩。"现在14~20岁的女孩太好斗了，"一名警官指出，"她们几乎是拿出了火拼的心态，压根儿不怕受伤。她们跟男孩打架，喜欢说长道短，因为吸毒之故，她们变得十分偏执。"

有少数女孩变得野蛮好斗，她们彼此争斗、互相恐吓，甚至做出极其恶心的事情。

——罗丝，心理学家兼学校辅导员

哈佛大学的黛博拉教授认为，男孩和女孩表达愤怒的方式正在同化。她认为媒体塑造的暴力女性形象在少女暴力中起到了催化剂的作用。"如今我们看到的是，女孩们的行为极富侵略性，"她解释道，"她们普遍认为，自己必须像男孩一样。"

女孩在觉得自己受到威胁或是走投无路时，就会诉诸暴力手段。她们的暴力行为直接简单，这也跟大脑工作机制有关。随着大脑发育，我们会逐步学习控制一些原始行为，比如在危急情况下是反击还是逃跑。在大脑尚未发育完善的情况下，少女们会一直维持这种生存模式，即通过反抗来捍卫第一道防线，那些反对暴力的女孩通常不会采取暴力手段。

☆ 当自信演变成暴力

"捍卫自身权利"是成长过程中必须学习的内容，我们鼓励女孩坚持本我，鼓励她们敢于表达，但有一点必须明确——自信与好斗和暴力绝对有云泥之差。这并不意味着女孩不能捍卫自身权利，不少女孩就从武术班获益匪浅。我们要教会她们保护自己，但也不要伤害他人。从根本上说，那种"男女平等，所以女孩要像男孩一样暴力"的论断极其错误，暴力根本解决不了任何问题。

有些电视节目试图教会女孩自信……如果方式得当，效果当然非同凡响。然而，一些家庭并不了解好斗和自信之间的差别。

——玛琳·莫雷蒂，心理学教授

☆ 女孩权力成为暴力借口？

无论男女、任何场合，暴力都是不被允许的行为。家长需要以身作则，用自己的行为和态度向孩子灌输这一信息，教会孩子解决棘手问题，同时避免扩大事态。简而言之就是提高女儿的情商，让她们在面对威胁时理智行事。

我们现在面临的问题是，"拳头外交"已经成为女孩力量的象征，进一步模糊了可接受行为和不可接受行为之间的界限。少女们必须明

白，以暴力取得胜利并不代表你就拥有了权力和力量。据一些学校反映，女孩们逐渐摒弃传统的打架方式（如抓人、撕扯头发或出拳），但却造成了更严重的伤害。

"有的时候，两个女孩之间会上演愤怒之战，"莉莉（13岁）告诉我，"大家都去围观，有时候会吵很久，往往有一个女孩先开始动手，她就像女王一样，然后两个人就开始掐架。最后都挂了彩，连救护车都会出动。"她还告诉我们，一旦有人打架，现场的人就赶紧群发短信，然后大家都去看热闹。

这里要再次强调，毒品和暴力之间一定存在联系。"女孩在服用兴奋剂之后变得极为好斗，尤其喜欢跟其他女孩和警察发生冲突。"一名警察告诉我，"根据我的经验，这种女孩一般不会入室行窃，也不会直接抢别人的东西，但有可能入店行窃或是偷包——趁人不注意从椅子上或购物车里拿包。"

心理学教授玛琳·莫雷蒂曾就少女暴力做过扩展性专题研究，她认为少女一进入青春期就会面临重重压力，"暴力值"之所以增强，也跟她们处理问题时遭遇的挑战有关。"她们努力让自己富有魅力，然后为自己的社会地位而战。她们不知不觉地加入某个小群体，然后跟其他女孩竞争，这种竞争通常表现为攻击性行为。"

我想可能是为了好玩吧，也可能是为了炫耀之类的。你得用尽全力，然后把某人放倒。

——多洛莉丝，16岁

☆ 暴力女英雄

除了暴力电影造成的影响之外，一些暴力情节正逐渐在电视真人秀节目、网上日志、MySpace、YouTube和博客等媒介上广泛传播。现在，很多人喜欢将施暴过程或暴力现场用手机拍摄下来，然后发给朋友或是传到网上。电子游戏也不例外，那些"杀敌"最多的人还会得到奖励。

在电子游戏中，少年玩家们每天都会接受任务，这些场景往往非常逼真，游戏方式也超出了大多数家长的认知范围。举个例子，有款手机游戏的宣传语是这样的："打开手机，立即体验卵石街道、机关枪战、激光剑脉冲的乐趣；感受行星撞地球、从飞船弹出的时刻；控制身体、享受光速飞行。觉得其他只有图像与音效的游戏枯燥了？我们这款游戏能让你体验极限动作，即使你关掉音效。"

儿科医生霍华德·斯皮瓦克教授毫不怀疑地指出，媒体中暴力横流，青少年自然有样学样，以为"打架是可以被接受的行为，伤害、痛苦、怒火和冲突都很正常"。对游荡在危险边缘的女孩而言，电影《查理的天使》（*Charlie's Angels*）和《百万宝贝》（*Million Dollar Baby*）中塑造的女英雄都是她们的榜样。这些女英雄总是在危难之中挺身而出、拯救大家，不只小女孩们喜欢，所有人都热爱惩奸除恶的女英雄。然而，一些女主角却是传统意义上的坏女孩，比如《杀死比尔》（*Kill Bill*）中的乌玛·瑟曼，这种角色却对少女有着致命的吸引力。当然，大多数女孩对暴力电影没有好感，但边缘女孩们却很难分辨幻想和现实。危急时刻总是幻想自己是女英雄，甚至挺身而出。

除非我们对此（暴力行为）采取行动，不然就只能看着女孩们踏上同一条路，这是过去几十年里男人和男孩们走上的不归路。

——霍华德·斯皮瓦克医生，儿科医生

少女暴力现象有增无减，一部分原因来自于媒体的影响，但对相当一部分女孩来说，家庭忽视以及家庭暴力等因素也不容小觑。1997年11

月的一个寒冷的夜里，加拿大曼尼托巴省的里娜·沃尔克（14岁）在被反复殴打后被脱去夹克和鞋子，施暴者用烟头点烫她的身体，之后将她溺死。7名未成年少女和1名男孩参与了这场骇人听闻的虐杀。加拿大作家丽贝卡·戈弗雷对此进行了研究，结果发现大多数施暴少女成长于暴力家庭，其中有两个人的父亲死于谋杀。

最让丽贝卡惊讶的是，这些女孩在遭遇家庭暴力时竟无人保护她们，"没有人帮助她们，没有社会工作者和警察。"这些女孩在缺乏指导的情况下不得不自己摸索未来，媒体影像中的那些"暴力女英雄"就成了她们最好的学习榜样。丽贝卡认为："女孩们深以为乐的流行文化其实是在歌颂暴力，扭曲了对力量和荣耀的认知。"

少女们对规则和雷区一无所知，她们也低估了自己的力量。群体暴力让她们肆无忌惮，常常乐极生悲，最终造成无法挽回的后果。

——帕特里夏·皮尔森，研究员

对那些游走于边缘地带的女孩来说，家庭暴力和家庭忽视往往是产生暴力倾向的根源，在这样的家庭中成长，她们误以为暴力是解决问题、得到他人尊重的唯一途径。很多人在情感上自我封闭，即使犯下大罪仍不知悔改，再加上大众媒介使得暴力手段形象化，这些女孩在攻击他人时非常无情，认为受害者活该如此。

里娜·沃尔克事件发生几周后，这群女孩又袭击了另一名少女，用同样的方法虐待她。其中有一人还是自由搏击手，你在20年前根本想不到会发生这种事。

——丽贝卡·戈弗雷，加拿大作家

一位老师也证实说，女孩暴力正在不断上演。"一个厉害又爱出风头的女孩纠集了一帮少女，准备在路上收拾一个不顺眼的同学。"她回忆道，"女孩被打得惨不忍睹，一名家长正好经过，立即下车将女孩拖到车上。在少女帮的围攻之下，这位家长无奈只能冒着撞人的危险发动汽车，少女帮随后捡起石块扔向汽车。"据说，领头少女常年受到亲生父亲的性骚扰。"我们看到的是，女孩打架并不像男生一样'公平'，她们往往是群起而攻之，目的就在于羞辱对方。"

☆ 家庭虐待与少女暴力

研究人员对刑事司法体系下的女孩犯罪展开了多项研究，发现少女暴力和成长过程中受到的虐待存在不可忽视的关系。其中一项研究表明，至少有7/10的女孩遭遇过一种甚至多种虐待。其他研究则显示：许多受虐少女患上了创伤后应激障碍。

据称，有犯罪史的破碎家庭是滋生少女暴力的关键因素。普遍的看法是，女孩对人际关系更为敏感，破裂关系很可能给她们带来巨大冲击。

另一项研究则表明，在被拘留的少女中，大多数人在被捕之前无人监管，对危险行为非常热衷，30%的人曾出现过心理问题。至少有1/4的少女表示自己在做爱时极少或是从不使用避孕套，超过一半的人在被捕之前的一年内注射过毒品，还有不到1/4的人认真地考虑过自杀。

少女暴力行为无疑是社会暴力的一个缩影。据研究人员估算，未成年少女在满18岁前至少会目睹20万次暴力行为，其中包括新闻和电影展现的4万起谋杀事件。暴力行为属于后天习得的行为，可以通过暴力电影和电子游戏养成并强化。女性英雄往往以性感而暴力的形象出现，《古墓丽影》（*Tomb Raider*）系列的主角劳拉·克劳馥作战时不接受投降，不留俘虏，全部杀光，这种行为被"粉丝"大力赞扬。

随着家庭结构和社区结构不断弱化，众多少女未能得到应有的保护。这一点也不奇怪，她们都是结构破碎的牺牲品。西奥·帕德诺斯专门给入狱青少年教授文学课程，他在研究之后发现，暴力电影以及暴力本身对青少年有着莫大的吸引力，而这与青少年犯罪事件存在必然联系。尽管西奥的研究对象都是男孩，但他的发现仍然适用于暴力少女。那些男孩已经脱离原本的家庭和社区，找不到自己的未来。从某种意义上说，暴力行为是在向没有意义的人生宣战，他们试图通过这种方式报复冷漠的社会。暴力行为让他们真切地感受到这个世界，感受到这个遗弃自己、忽视自己、让人毫无留恋的世界。

想要让持续增长的少女暴力行为得到遏制，首先要让家庭和社区重新凝聚起来。正如普利策奖得主罗恩·鲍沃斯所说："孩子渴望实现自我价值，而这种渴望只有用包容和尊重去回应：重新将青少年融入家庭和社区的良性氛围。"在此，我们要再一次强调归属和认可的重要意义。除了提供家庭保护，我们的社区也要积极努力，给女孩更多支持，让她们在更大的范围内培养归属感。如若不然，则是害人害己。

女孩们的"秘密花园"

由于得不到家庭和社区的支持，一些女孩在不知不觉中钻入了的自闭空间，逃避带来的后果却是脆弱和伤害，流行文化更是在这种趋势之上打了一针"强心剂"。流行文化以其独特的娱乐性吸引着众多少女——尤其是只能通过这扇窗观察世界的青春期少女。但大多数女孩没有意识到的是，流行文化在很大程度上代表着巨大商机和市场，其操盘者试图利用她们的焦虑和愿望来拉升消费。此外，流行文化还将少女们拉入一个复杂的国度，这里远离家长的保护伞。那么，流行文化的魅力从何而来？我们说，女孩之所以热爱流行文化，恰恰是因为从中获得了归属感。从某种层面上讲，流行文化积极鼓励女孩特立独行，正是为了让她们脱离家长控制，从而让产品销售易如反掌。

流行文化借助电视、音乐和其他手段给我们打上标签，这种感觉非常强烈。

——惠特尼，18岁

每个女孩都有自己的"秘密花园"，在流行文化的影响下，她们甚至拥有自己的时尚密语。举个例子，你能破解"ru f2t? imo it's nbd. ssdd. sc icbw. omgg2r. suitm spst. otb. Bff"的含义吗？看到这些"乱码"，大多数成年人自然觉得索然无味，但孩子们却了然于心："你说话方便

吗？我觉得这不是什么大事，'不同的日子，一样的烂事'。保持冷静，事态还有可能继续发展。妈呀，我要赶紧走了！明早见，还在老时间、老地方！赶紧睡觉，友谊长存。"

乍一看，这些女生间的小小交流并没有什么问题，但安静的表面下往往潜伏着洪水猛兽。如今，成百上千的缩略词和新词出现在青少年的词典里，这些新词在保护女孩"秘密"的同时，也给青春期少女的生活带来了极其重要的影响。她们发明了一些狡猾的缩略词："prw"和"pos"都代表"家长在看着"；她们还会故意拼错单词来混淆视听，比如用"pron"来指代"porn"（色情书刊），达到蒙蔽父母的目的。如果想"crazy drunk"（烂醉如泥），她们会说"crank"，大多数家长对此毫无察觉；如果某个女孩计划要"hook up"（连接），那么她脑子里想的绝对不是一般意义上的"连接"，而是一些少儿不宜。少女们在运用密语上可谓炉火纯青、信手拈来，成人根本意识不到自己眼皮底下正在发生什么，也不知道该从何着手。

从网络用户名到电脑墙纸，女孩子之间总喜欢分享秘密。然而，无论这些秘密掩藏得多么隐蔽，家长还是能从中察觉出一些蛛丝马迹，如用药片图做屏幕墙纸的女孩有可能服用处方药。通常情况下，家长都被蒙在鼓里，因为他们缺乏时代的触角，根本想不到社会已经发展到什么程度，少女们就势将新技术发挥得淋漓尽致。手机屏保也是如此，姑娘们的选择已经不再局限于可爱萌物或是美景靓图。就关注度日渐增加的网络来说，早有聪明女孩给自己创立"完美首页"，家长在首页上看到理想的女儿之后，一般就不再深入了解。

从12岁开始，我的世界里只有一样东西一直在变，那就是网络。说到社交网站，不管愿意与否，你都得成为其中一员，以前是MySpace，现在大家都用Facebook。

——克莱拉，16岁

大多数青春期少女都希望拥有自己的"秘密花园"，这里不会有家长的足迹，也不会有其他权威人士染指。她们借助独有的密语、消息和符号，来追寻自由之路。对我们而言，禁止女孩跟同伴联络显然无济于事，只有打造强有力的框架培养孩子的自我价值感才是正道。与此同时，科技发展日新月异，在给青少年的生活带来风险的同时，也扮演着极其重要的鲜明角色。家长只有善于利用科技，才能出奇制胜、缩小代沟。

澳洲儿童基金会乔·图斯博士非常关心新科技在扩大父母与子女间距离、缩小同伴间距离上的作用和影响力。这就意味着在很多情况下，女孩都无从得知解决问题的正确方法。与此相反，那些跟孩子联系紧密的家长则能迅速对女儿面临的挑战做出反应，通过家庭谈话传授解决之道。

☆ 社交旋风

青少年世界唯一不变的莫过于"变化"，女孩们要时刻集中注意力才能适应生活中的种种变化。有观点认为，女孩子都是真正的社交家，她们似乎无时无刻不沉溺在发短信、网聊、读杂志与看电视之中，家长苦恼烦躁却无能为力。"妈妈根本不懂社交，"阿兰娜（18岁）抱怨道，"这对我们可是大事，每个人都很热衷。时代已经变了，我和妈妈之间总是充满摩擦，我需要经常外出，但妈妈根本不能理解（这种行为）。"

青春期少女会互相影响，她们经常强调要"保持通话"。举个例

子，黛布拉处理掉家里的电视，打算让家人从中得到解脱，却惊讶地发现小女儿开始阅读《电视指南》，力求在失去电视后也要跟女朋友们保持一致。

未成年少女的不安全感越强，同伴压力就越大，就更容易受到伤害。如果家长能理解并重视这些压力，自然能跟女儿达成一致，避免让家庭会议在"尖叫比赛"中结束。有很多方法值得借鉴：培养女儿积极参与社区活动的热情，增加女儿的归属感；促使孩子访问积极正面的网站；让她们沉浸在文学的海洋里。

现代科技层出不穷，女孩们要借此过上"双面生活"简直易如反掌。事实上，她们也非常渴望能拥有高科技产品，聪明的商家总能让自己的产品正中靶心。"我们热爱一切新事物，希望自己手里拿的永远都是新手机、新iPod。"惠特尼（18岁）表示，"我们这一代的市场潜力无限，商家又总能抓住命门，这要归功于他们别具匠心的营销方式。"小产品不仅能挣大钱，同时为广告商推销更多产品大开方便之门。

青春期少女总是希望自己主导生活，聪明的商家正是抓住这种心态，将她们的需要资本化。举个例子，一家手机公司就鼓励少女"激活你的铃声，任由你内心的混音大师让振动与铃声同步。不同的铃声、不同的振动、不同的好友来电，就像与好友亲密握手。"

☆ 利用高科技社交手段

随着笔记本电脑、手机、iPod、MP3的普及与升级，流行文化越发受到青春期少女的推崇。仅仅就网络来说，众多网络世界和青少年论坛静候注册，社交网站更是种类齐全。女孩们还能在YouTube上看电影、看电视、欣赏音乐视频和剪辑。

这些活动足以说明女孩们为何"日理万机"。"朋友们也会通过邮箱发消息,"莉莉(13岁)解释道,"通过MSN跟世界各地的朋友联系,MySpace则可以描述个人信息、交新朋友,还能晒晒我们的照片,真的非常好用!"

在青少年网站、论坛、聊天室注册后,女孩们就能把新朋友添加到邮箱、MySpace主页、MSN和其他社交网站上,借此跟朋友保持密切联系。"我同时打开8个主页,"阿比(17岁)笑道。即使知道会耽搁别的事,大多数女孩仍然喜欢在网上消磨时间。"有时打开电脑查资料,不知不觉就走神了。"

如今,很多女孩自幼与父母分离,很多时候都要自己安排生活,新媒介的出现让她们得以将"隔阂"进行到底。其中,电视的影响功不可没,据统计,孩子到15岁左右,光在电视上花的时间就已经达到15000个小时,远远超过她们跟家人和朋友相处的时间。

女孩们自然需要独立,需要脱离他人的羽翼生存。问题在于,家长对女儿习以为常的经历知之甚少。跟我聊天的大多数女孩承认,她们曾经在爸妈眼皮底下成功"突围"。自从手机和网络普及,姑娘们想跟男友约会已经不需要绞尽脑汁,也无须在家人入睡后溜到公园"午夜幽会"。只需要跟父母保持联系,给他们造成假象即可,父母就会以为万事大吉。

如果不了解某种设备的工作原理,那就不要交到孩子手里。(移动)电话就是最好的例子。如今的孩子人手一部智能手机,这种既能联网又能拍照的电话以后会产生很多问题。家长必须跟孩子开诚布公,指明跟陌生人网聊的潜在危险,要知道,很多人喜欢上网猎艳,有的人甚至有特殊癖好。

——弗兰克·丹纳,警局探员

少女们日渐成熟，自然需要更多的空间和自由，但正如社会分析家理查德·埃克斯利所说，只有井然有序、规范明晰的环境中的自由才有意义。如果在毫无限制的环境中长大，自由的意义自然轻于鸿毛，这些孩子也无从审时度势、懂得进退。有的家长则坚定不移地实行"放养"政策，一直到孩子十四五岁才想要给孩子设定界限、划定雷池边界。老师和教育工作者非常关注这点，他们认为这些家长在"亡羊补牢"，只是为时已晚。

总有些青春期少女喜欢追逐刺激，电视真人秀的众多粉丝以及青春偶像们的疯狂生活方式都在指明一个事实：那些不被认可的异常行为极有可能在短短几年后成为常态。正如阿兰娜（18岁）所说："现在，疯狂的举动被认为很酷，现实中根本没有秘密，所有事都会被当众展示。这种行为已经成为常态，被广为接受。"除此之外，新科技的影响和父母的忽视，使女孩们顷刻之间失去保护，暴露在众目睽睽之下。事实上，尚未长大成人的她们，仍然需要各方保护，仍然需要他人的建议。

即使是最称职的家长也会觉得进退两难、处境堪忧。近来，一位朋友发现女儿给自己拍半裸照，然后发给一个男生。跟大多数家长一样，这位朋友一直被蒙在鼓里，根本不知道女儿在跟谁交往。给女儿买手机时，家长一定得考虑是否需要摄像功能，她们是否会用它来拍出"不雅"照。

资深警探弗兰克·丹纳提醒我们，家长在上网时往往直奔主题，只要能满足日常需要即可，但青少年更喜欢了解一切。通常情况下，家长对手机或电脑的附加功能一无所知，他们不知道如何从网站下载图片，更不知道如何分享。"在针对家长的互联网安全计划中，我常说青少年热爱新科技，但危险往往也随之而来，"弗兰克·丹纳指出，"当家长无法应对新科技时，就意味着把孩子交到了警察的手里。"

少女们要时刻谨记自己属于弱势群体，尤其当她们独自一人时。有些时候，女孩不愿向父母倾吐，就是害怕父母的反应过于激烈；与此相反，如果有强有力的家庭或社区支持，她们反而会打开心扉。真正聪明的家长能直面青少年生活中的挑战，勇于打破年轻一代与上一代人之间的"坚冰"。

☆ 网络成瘾症

家长很难意识到，现代的孩子对新科技有多么依赖。如今，女孩们在无忧无虑的环境中成长，新技术的产生使得娱乐形式更为多样化。在一项调查中，几乎有4/5的人认为社交媒体极具吸引力，这尤其体现在视频游戏、电视节目和聊天室上。"我花许多时间上网，注册诸如MySpace、Facebook、邮箱、音乐下载以及MSN之类的社交网站。此外，查资料也很费时间。"阿比（17岁）表示。13岁的莉莉也有同感："是的，网络就像磁石，你很容易被吸引，好处是联系朋友非常方便。"如今，心理学家们把这种现象称为"网络成瘾症"（IAD）。

我经常和朋友上网聊天、浏览网页、检查更新音乐。基本上每天晚上都要花几个小时，否则都睡不着。有时候熬夜只是为了聊天。

——艾希莉，15岁

但很多女孩表示，自己并没有睡眠不足。她们也要努力学习、完成作业和家务。"我经常使用MSN，"莎拉（18岁）承认，"有时候会在MSN上聊一整晚——真是耗时费力。"

如果把网络比作少女们的根据地，那么手机无疑是她们的联络利器，而且更青睐"夜半无人私语时"。"她们上学时一脸倦色，这就表示刚挂机不久，"一位辅导员告诉我，"女孩们觉得要彼此保持联络，

随时掌握第一手消息，避免有事发生自己却毫不知情。"

女孩们纷纷表示认可。"作为一个绝对意义上的社会人，没有手机我就活不下去，"莎拉（18岁）解释道，"我喜欢联系别人，反之亦然。"莎拉还表示，如果上学忘带手机，她就会焦虑万分，还会偷溜回家寻找。"我会24小时带着手机，保持联络非常重要。有人会在凌晨三四点给我打电话，或许当时我在沉睡，我就会大吼，但这种情况不多。""保持通话"在一定程度上让少女们的睡眠不足问题加剧。

那么家长该怎么遏制这种趋势呢？一个方法就是，在某些时候给电脑上锁，或者限制女儿的上网时间。同时，让女儿睡觉前"上缴"手机，这也有助于睡眠。给孩子讲述缺乏睡眠可能带来的恶果，如早发性糖尿病、体重增加、注意力不集中、抑郁症、压力等。多多赞美孩子并强调她们的价值，这都有助于培养她们良好的独立性和自尊感。

☆ 卧室文化

虽然并非所有少女都泥足深陷，但很多人在应对困难时仍会作茧自缚，因为她们的人生经验实在寥寥无几。当一个12岁左右的少女被问及最担心的事情时，得到的回答是"去被禁止的地方"和"跟坏朋友出门"。她在享受刺激的同时也深深觉得，来自朋友的邀请实在难以拒绝。而这种与网络和手机"全息接轨"的生活方式让一切都有可能。

此外，青少年卧室文化让女孩们处于更加弱势的地位。女孩在家时，大多数时间都待在卧室，在没有监督的情况下跟科技信息"亲密接触"。美国的一项针对10~17岁孩子的调查表明，仅仅去年一年，就有超过1/3的孩子在上网时接触黄色信息，这还是在电脑装有过滤软件的情况下发生的。令人担心的是，女孩经常在网上和陌生人相谈甚欢，简直像相识多年。这些情况已经远远超出家长的认知范围和保护范围。正如我们所见，秘密生活在很大程度上将少女们带进了龙潭虎穴。

新科技不断涌现，我们鼓励孩子给家长灌输科技知识，帮助他们进入自己的世界，家长则要广泛阅读并参加在线家长论坛，努力缩小两代人之间的差距。为了更好地保护女孩们，不要将电脑放在卧室，而要安装在家中公共区域，而且要设置限制，只允许家庭成员进入某些程序设置、聊天室、游戏和网络电话。

毫无疑问，小女孩日益成熟，正需要社会各界的保护。有研究表明，青少年大脑仍在发育之中，受激素分泌影响，她们很难正确判断情况并做出回应。要鼓励孩子积极参与健康的青少年论坛和学校教育活动，同时举行富有建设性的家庭辩论，让孩子随心逐情，朝着梦想的未来努力！

危机四伏的网络

  电脑和网络已经成为生活中不可分割的一部分，我们毫不怀疑这种趋势还将延续。事实上，五六年前的世界远不至此，年纪稍微大点儿的孩子对此深有体会。"自从有了因特网和谷歌，一切都变了，"阿兰娜（18岁）表示，"9岁的时候世界还不是这样。"很多女孩都有同感："当我12岁的时候，天天上网的都是些怪人，更别提拥有私人邮箱，"亚历克斯（16岁）回忆道，"这4年间的变化令人难以置信。"

  互联网已经成为少女生活的一部分，然而无风不起浪，促成这种现象的因素也是多样化的。对一些人来说，网络是放开自我、抛弃羞涩的最佳途径；其他人则认为网络让自己受益匪浅。从表面上看，网络既安全又隐蔽，女孩们就百无禁忌、敢说敢做。"与其面对面，我们更喜欢在家对着电脑聊——网聊的感觉很新鲜，"艾希莉（15岁）承认，"有些话只有上网才能说得出口，你也不用判断别人说话时的感受和情绪。"

  很多女孩有此同感，"人与人在现实生活中很难相处，"阿比（17岁）说道，"但在网上（比如YouTube），你有信赖的伙伴，你大受欢迎，你能找到归属感。远在千里之外的朋友比身边人更了解你。"阿兰娜（18岁）也认为："我喜欢MSN，这是一个能与5亿人沟通交流的平台，像我这个年龄的人很容易上瘾。不用见面，不必同在一室。跟面对面交流不同的是，网聊时不用立即回复，能给自己反应和考虑的时间。"

☆ 虚拟的人际关系

专家们纷纷猜测，网络聊天的出现将在很大程度上改变友谊的本质，甚至在孩子长大成人后改变彼此的交流和相处方式。与现实生活相比，少女们更擅长在网上处理人际关系。她们可以随心所欲地上下线，可以邀请别人进入聊天室，也可以在不满意时把人"踢"出去。网络交流无须耐性或协商，也无须过多考虑别人的观点。鼠标一点，世界顷刻改变。熟悉网络技术操作的女孩甚至可以封锁他人账号。人们关注的是，随着上网时间日渐增多，青少年会逐渐丧失基本的社交技能，一旦需要面对面交流，那种对自己的不确定感将会腐蚀她们的自信心。

尽管联络方式已被"快捷化"，孤单却从未减少；她们日夜联系，情感上仍然缺少支撑。

——芭芭拉，学校辅导员兼心理学家

网上交流不太需要感情的投入和人际交往的实际经验，但这两者却是女孩们发展个性的必备良药。教育工作者对少女日渐缺失感情而感到担忧，他们认为，如果人与人之间仅能维持表面上的肤浅联系，那么势必会阻碍情商发展。这样一来，女孩们就会把他人的需要、脆弱面和期望抛之脑后，最终造成沟通困难。

正如芭芭拉所说："这（网上交流替代正常的人际交流）简直是荒天下之大谬，尽管联络方式已被'快捷化'，她们的孤单却从未减少；她们日夜联系，情感上仍然缺少支撑。"乔·图斯博士同意这一观点："无论你在网上能否运筹帷幄，这毕竟不是真实的生活本身，对培养生

活能力无济于事，而生活能力却是应对成人生活、解决矛盾冲突不可或缺的能力。你对网络人际关系越精通，面对真实生活就越发显得束手无策。"

很多女孩喜欢网上交友，事实上这些"朋友"来自五湖四海、四面八方。在这个热衷攀比的时代，网友的数量无疑成为显示自我的一个方面。然而，即使网上朋友数量可观，也并不意味着少女在跟身边的朋友交往时就能得心应手。有的网友的确很贴心，但他们无法取代真实朋友的作用——人情温暖、忠诚信赖、感情共鸣以及互相扶持。从长远来看，这种"友情"带给女孩们的只会是孤独与寂寞。

☆ 网络能否成就自我

网络最大的卖点就在于只要你愿意，你可以成为任何人。对于正在努力寻找自我的未成年少女来说，这种吸引力更是致命的。如此，在扮演其他角色的时候，女孩们自然会忽视自己的"真实身份"。细心研究她们使用的网名、用户名和签名，你会为那种渴望长大、渴望控制权的绝望而震惊。对自己的不确定感越强，在外部世界寻找自我的愿望就越明显。

MSN让人上瘾，我从很久以前开始网聊，常常聊到深夜，有时候几乎天都要亮了，我没办法控制自己，或许会至死方休。

——阿兰娜，18岁

网络已经成为少女打破传统界限的利器。"我常常说，人们在网络世界徜徉肆恣、展现自我、耽于幻想、放纵激情，"麻省理工（MIT）的雪莉·特克指出，她是研究新科技带来何种影响的专家，"但这也意味着，网上的'朋友'不过是戴着面具的陌生人。"

对朋友不多的少女来说，聊天室和虚拟世界无疑是掩饰自我，甚至扮演他人的好机会。这里只有想不到，没有做不到，你可以与现实生活中的你大相径庭——肆无忌惮、勇敢无畏、杀伐果断。网络为少女们提供了脱胎换骨的机会——新的形象、新的名字、新的身份。在这里，她们可以成熟稳重，可以聪慧过人，也可以性感迷人，一切都有可能。网络身份大受欢迎，很多人沉溺于全新的"第二角色"，甚至与现实世界脱离。"与前几代人不同，他们（青少年）很少面对面交流，很少电话联系，很少一起出门。对他们来说，网络就变成了仅有的真实，"互联网律师佩里·阿夫塔伯指出，"但危机和困境不会（减少）。"

☆ 公开的"秘密"

青少年们希望拥有属于自己的"秘密花园"（当然，这种说法已经属于老生常谈）。以前，少女们只能将秘密告诉自己的日记本，然后藏到无人问津的角落。如今，女孩们在MySpace、Facebook、YouTube乃至博客上表达心情和愿望，一点儿也不在意是否会泄露个人隐私。她们似乎只在乎发泄的过程，反而对可能带来的后果不以为意。

☆ 暴露隐私

研究表明，少女们往往很乐意向陌生人坦承自我，但不会寻根究底对方的真实身份。网络就是一个大熔炉，她们却经常忘记这点，将自己暴露在暴力行为和色情陷阱之中。她们经常在无意间深陷泥潭，聊天室和青少年论坛就是这样的地方。以下对话节选自某青少年论坛，或许我们可以从中一窥女孩们的处境。

来吧，姑娘们……给那些男孩秀秀你的性感照。建议是：用胳膊、双手或别的部位抓紧并放低领口（让别人给你拍照），展示你的事业线。我可不想听到某些白痴说"我是飞机场"，动动脑子！那些男孩不会抱怨的，除非他们搞基或天生迟钝。——Phuck buddy

我是被引诱的……笑死人了。——Omfgidc

你的意思是，如果有更多女孩在这儿发布性感照……你会不兴奋，是吗？那就请旁观好了。——Phuck buddy

如果有更多女孩参加，想必会更美妙。来吧，姑娘们。——Van 18

如果人们谈论我的胸部，我真不知道该感到害怕还是高兴。——Omfgidc

高兴点吧，如果你决定参加的话，一定会睡个好觉的。——Van 18

我已经够了。——Omfgidc，说完她就下线了。

☆ 危险网络

辨别力不强的女孩可能意识不到，一段网络关系一旦开始，她们就会不由自主地做一些本在计划外的事情。一段对话可能在顷刻之间就向危险的方向驶去，一些女孩会选择逃离，但更多的女孩缺乏警惕心，根本没有发觉自己已经处于危险的边缘。12岁女孩谢翁·彭宁顿来自英国洛顿，当她和33岁的男友托比·斯图得比克私奔时，全世界为之侧目。她的男友曾因涉嫌引诱未成年少女而引起警方关注。小女孩在离家出走前，经常沉溺于网络世界，但父母没有察觉到任何异样，认为一切正常。在几天紧锣密鼓地搜索和排查之后，谢翁最终被安全无恙地找到了，此时，她已经横跨大半个英国，斯图得比克则因诱拐和严重猥亵罪而被起诉。这段经历给这位小女孩带来的到底是什么，恐怕只有时间能告诉我们答案。

13岁女孩凯茜·伍迪就没这么幸运了。由于电话费过于昂贵，凯茜转而通过网络和朋友保持联系。2002年夏天，她在雅虎（Yahoo）基督教聊天室认识了外表迷人的18岁少年戴夫·费根。戴夫不是凯茜的第一个网恋男友，跟诸多少女一样，凯茜非常容易害羞，直到认识了对方。戴夫声称他的姨妈就住在凯茜家附近，而就在凯茜被诱拐前不久，这位阿姨突然病重，戴夫也因此来到这里陪伴姨妈。有天晚上，戴夫给凯茜打电话说他的姨妈病情恶化，那晚凯茜住在她的女友家中，并在接电话时听到卧室外有异常的响动。她们只好将自己反锁在卧室中。

几天之后，凯茜失踪了。经过排查，警察发现一个名叫戴维·富勒的人曾跟凯茜有过联系，他在凯茜家附近住宾馆，并且因网络连接不畅而愤怒地损毁了门把手，因而引起了周围人的注意。凯茜被找到时已经香消玉殒，她是在被实施性侵犯后头部中弹而亡。凯茜如果一开始就告诉家人她的去向，相信就不会发生这样的悲剧了。不幸的是，出事那晚，凯茜的父亲、哥哥，甚至警员都外出办事了。凯茜的故事是个悲剧，虽然这些例子都很极端，但女孩们必须时刻谨记，"网络有风险，聊天须谨慎"。

有的时候，女孩也会在不知不觉间成为受害者。高中撑杆跳比赛冠军艾莉森·斯多克接到朋友电话后才知道，自己的照片被人公布到网上。还有一段关于她的视频被公开到YouTube上，点击率甚至达到了上千次。之后，人气博客WithLeather.com展示出另一张照片，还附上说明："认识艾莉森·斯多克。"如今，艾莉森每天都在各种骚扰电话的狂轰滥炸中度过，出门时还要面对别人的指指点点。曾经，她是那么喜爱体育活动，如今的她不得不小心翼翼，犹如惊弓之鸟。

无论面前的是陌生人还是朋友，女孩们需要学会保护个人隐私和信息。要知道，网络无秘密。如果家长想要了解女儿的动态，可以在电脑

工具栏里查看历史浏览记录；访问女儿常去的网站和论坛，看看她把时间都花在了哪里。如果孩子经常上网，但历史记录被清空，这就说明问题更加严重，家长则更要提高警惕。

如此一来，家长需要做的就是保持高度敏感、积极采取行动。如果家庭谈话能够更为开放包容，女孩自然不会守口如瓶，甚至偷偷摸摸。与此同时，女孩也需要自我空间。鼓励她们写日记或用剪贴簿记录随感，这些方法既安全又能发挥想象力。

沉溺于色情文化

　　首先，家长要明确一点：孩子们访问的很多网站都存在问题，色情网站就是其中之一。目前很难统计出具体数据，但能够确定的一点是，少女们会互相分享手头的色情网站和视频。一些女孩是受好奇心驱使，而其他人则是为了学习能吸引男友的"技巧"。"网络让很多事透明化，"一名老师表示，"一个学生在性教育课上直截了当地问我：'老师，这跟色情电影一样吗？'"色情语言、图像、淫秽行为构成的色情文化在网上泛滥成灾。因特网研究机构NielsenNetRating发现，英国12~16岁的女孩中，有1/5的人每个月至少看1次色情片。如今，随着科技发展，女孩们更能通过手机终端下载色情资源。

　　何以至此？原因在于，广告、电影和电视充斥着大量性感形象。那么，在此间浸淫数年后开始接触色情资源似乎也就顺理成章了。对正处在发育阶段的女孩们来说，谈论色情片不但很酷，还能带来刺激。当然，并非所有人都这么认为，有的女孩就对色情网站毫无兴致。"我觉得大家对性和色情电影过于敏感，"一个女孩表示，"对我来说，色情片真的很枯燥乏味。"即使女孩们不知道下载途径，她们也总能找到方法，而且懂得消灭痕迹，请看以下对话：

　　在网上看色情片会不会被发现？我很怀疑，那我应该去哪儿看

呢？——anonymous

会的。——maghank91

清除历史记录，注意别留下马脚，他们不会发现的。——Biskitz

没错，他们会查看历史记录。——playboyfreak

很容易被发现，一定要小心，所以我不敢在这里告诉你。——princesss-hortyluv

☆ 色情网站和男人杂志

有些观点认为，女孩访问色情网站无异于阅读男性杂志。其实这种论断很难成立，网上色情资源的露骨程度远远超过男性杂志，而且经常进行"动作片"现场直播。正如某报道针对青少年网络色情文化所说的："网上不仅有赤身裸体的图像，还有激烈的现场直播；不仅有异性恋视频，还有同性恋剪辑——五花八门、各种类型、应有尽有。色情电影很难与之相提并论，色情片将性爱不断细化、放大到难以想象的地步，平铺直叙，丝毫不留一点儿想象的空间。"

色情片到底给孩子带来什么影响？这点尚待观察，但已有成人研究表明，这些资源会让人反应迟钝，同时极易上瘾。看片成瘾的成年人表示，自己很难适应现实中的正常关系，总是忍不住比较。另一方面，色情文化让少女们以为性虐待和暴力行为非常正常，因此剥夺了她们说"不"的权利。如此一来，在色情文化已被视为主流文化的今天，很多老师表示了自己的担忧，社会迫切需要家长和学校齐心协力、积极应对色情文化可能带来的伤害。

除了观看色情片，少女们还在网上大肆发帖、贴图片。"青少年喜欢在网上发布照片，尤其是'不雅照'，借此吸引他人目光，"警探弗兰克·丹纳指出，"尤其是异性的关注。我敢打赌，如果你去访问人气最高、好友数量最多的少女主页，你会发现上面的内容富有暗示、极其挑逗。未成年少女们深知这点，并以此作为招揽人气的敲门砖。"

如今，MySpace.com炙手可热、大受欢迎。这为我们提供了展示自我生活方式的机会。要知道，"上网是一种态度"，我们也乐于让人们看到。

——MONSTAR，成人网站记者

技术专家安德鲁·康德对此表示认可："如今，每个人都能成为色情明星——至少像那么回事——而且是自学成才。这是一个青春'偶像'唯我独尊的花花世界。很多高中生，甚至更年轻的初中生，其行事风格与成人无异。不同之处在于，她们大多都还穿着衣服。"如今，太多的女孩渴望观众的目光，努力不让机会从指缝溜走。"这些女孩抓住一切机会，"安德鲁·康德指出，"没有哪家杂志、色情片会公布未成年少女的照片，这并不是说女孩们无须'发行人'，只是在这个世界上，人人都是'发行人'。"

如今，每个人都能成为色情明星——至少像那么回事——而且是自学成才。这是一个青春"偶像"唯我独尊的花花世界。

——安德鲁·康德，技术专家

☆ 网络世界里的性感少女

"有的女孩在学校默默无闻，但在网络世界里，只要她愿意，片刻之内就能拥有成百上千的好友。"警探弗兰克·丹纳指出，"此外，刚刚步入青春期的孩子迫切希望跟年龄大些的青少年看齐。坦白地说，有些孩子的行为让人极其吃惊。"

"我见过的发布不雅照的孩子中，最小的只有十一二岁。这个年龄段的孩子喜欢穿着内衣搔首弄姿，但她们明显没有意识到，这些'不雅照'或视频很有可能被某个朋友上传到一些网站。近来，一些网站甚至利用电脑摄像头对孩子们进行在线直播。"这种资源比比皆是，根本不用东搜西罗。

性教育被取而代之，如果家长能亲眼目睹并采取行动，那么（这些不良行为）自然会分崩离析。

——凯瑟琳·哈珀，苏格兰反色情妇女组织

如今，女孩们最大的心愿就是扬名立万，而且大有不达目标誓不罢休之势。与现实相比，网络则更容易满足她们这种"渴望被崇拜"的心理，少女通过分享自己的生活来吸引目光、集聚人气。对这些女孩来说，观众越多、满足越大。心思精明的女孩甚至会更进一步，鼓励追随者在线购买礼物，表达对自己的仰慕之情。

然而，网络竞争无处不在，只有敢于推陈出新、打破底线的女孩才能立于"不败之地"。短短几十年间，父母担心的已经不是女儿翻墙去与男生约会，而是她们邀请全世界的人欣赏自己的内衣照，甚至裸照。

能够吸引男人和男孩儿的注意，对于十几岁的女孩来说是件令人兴奋的事。能得到异性如此的关注，很多女孩感到非常兴奋并夹杂着一丝恐惧和得意。尽管孩子们试图表现得干练而自信，大多数少女仍然稚气未脱，非常脆弱，对对方的身份一无所知。

安妮特，一个13岁孩子的母亲，这样谴责媒体："从电视到音乐视频，再到Facebook网页，大众媒体引诱少女暴露自己。正如媒体所展示的，女孩们将自己的照片贴到网上。"但孩子们无从察觉的是，很多成年人正时刻准备骚扰或意淫她们。正如社会分析家理查德·埃克斯利所说，孩子们似乎只有生活在虚拟世界时，才会觉得真实。

我从一些高中生的身上发现了女孩的裸照，后经证实为女孩的前男友所拍。女孩根本不知道男友暗中拍下自己的裸照并在分手后发给朋友。不幸的是，这种事情到处都有，并不少见。

——弗兰克·丹纳，警探

　　家长则很难想象孩子观看色情片的场面，事实上，未雨绸缪十分必要。家长应当事先跟孩子就该话题进行讨论，让她们明白，色情片场景过于暴力，又不真实；色情电影里的女孩已经习惯了性虐待，并不适合模仿。称职的家长会告诉女儿，健康的性爱首先要关心对方，而不是把人当作物体。沉溺于色情片的人在实际生活中则很难感受到人情温暖。

　　一些色情网站甚至将自己直接添加到用户的收藏夹或桌面，并且很难清除。这些网站经常通过海外服务器向用户电脑加载软件，吸取成百上千的电话费。当然这些网站也可以通过软件对其进行屏蔽。问题在于，屏蔽了一个色情网，后面还有千千万，对家长而言，最好的方法莫过于向孩子阐明利害，或直接寻求专业帮助。

渴望出名和被关注

  塔斯马尼亚YouTube明星艾玛莉娜的故事饱受争议，但这丝毫不影响她成为有史以来最受欢迎的视频女郎。短片中的艾玛莉娜总是以性感的衣服、温柔的声音示人，当然也有她跳舞或练瑜伽的镜头，短片吸引了数以万计的点击率，短短3个月内就登上了YouTube订阅榜榜单，随后获得了国际媒体的广泛关注。

  尽管艾玛莉娜在网站上使用了假名，但电脑仍然很快被黑客入侵，私人信息和真实身份自然难逃魔爪，立刻就被公之于众。面对黑客入侵、恐吓邮件和骚扰信息，艾玛莉娜措手不及，惊慌失措之下很快就从网上销声匿迹。

  与此相反，如果女孩本身很享受这种被人关注的成就感，就很难从中抽身。除了艾玛莉娜之外，YouTube明星还有丽莎诺娃（Lisanova）、露西英拉（LucyinLa）以及纳夫女孩（Nohogirls）。"我就喜欢别人关注我，观众的目光让我陶醉。我爱因特网，我爱新科技，是它们提供了YouTube这个平台。"

  时至今日，仍有观众访问艾玛莉娜的视频博客，她本人则开始挑战极限，让自己始终站在聚光灯下。每个资深网民都知道艾玛莉娜，每个人都想获得这种关注。

  刺激与危险同在。我可能要澄清一下，卢克和我一直在一起，虽然他很差劲，但我仍然很爱很爱他！我们打算什么时候来个"三人行"，你知道的，我也爱女孩。

——艾玛莉娜，19岁

☆ "吞世代"也爱凑热闹

如今，年轻女孩就喜欢在MySpace、Xanga以及YouTube上"秀一秀"，以此博得全世界的关注。这种现象还在呈现向幼年发展的趋势，一些孩子稚嫩的程度令人哑然。YouTube的调查显示，诸如"棒棒糖"之类的少女组合目测年龄只有8岁左右；还有Fuzzyblur少女组合，应该不会超过10岁。这些女孩在视频里摆出种种魅惑性感的姿势，但对这些行为带来的影响一无所知，尤其是一些成年男人的反应。很明显，她们的父母都被蒙在鼓里。

不得不说，此时此刻，那些被女孩们吸引的成年男人正在拍手叫好。毕竟，有了这些不雅照和视频，他们再不用冒着被逮捕的风险去引诱未成年少女，女孩们已经自动送上门了。

——弗兰克·丹纳，警探

☆ 性侵犯者的美梦

这些展示自我的新方式现在尚处在萌芽阶段，我们不妨扪心自问：世事变化多端，到底该何去何从？"不用刻意关注，（不雅）照片总会在我面前飘来荡去，这种东西一点儿也不缺，"警探弗兰克·丹纳指出，"过去，我曾在网上潜伏过很长一段时间，那些性侵者总在引诱少女展示自己或朋友的照片。无须多说，女孩们心甘情愿地贴出自己的照片，然后被人随意下载。我不得不说，此时此刻，那些被女孩们吸引

的成年男人正在拍手叫好。毕竟，有了这些不雅照和视频，他们再也不用冒着被逮捕的风险去引诱未成年少女，女孩们已经自动送上门了。当然，大多数人并没有意识到，有些成人面对这些照片时极其猥琐。"

丹纳在此举了一个例子，一名13岁的女孩给男友（16岁）的邮箱发送了几张"儿童色情图片"，结果被公布在某公共网站上。起因是男友看过照片后没有删除，结果被朋友找到并下载下来。另一名男孩看到后复制了图片并以女孩男友的名字公开发布。当丹纳找到这名遭遇灭顶之灾的少女时，她惊恐地询问是否有人看到照片，甚至下载保存。毫无疑问，丹纳无法给她任何保证。

女孩渴望男孩关注自己，MySpace就是一个理想平台。
——坎蒂丝·凯尔西，《青少年的秘密网络世界》

☆ MySpace……我的？你的？大家的！

据统计，在13~17岁的青少年中，超过一半的人在MySpace上注册过详细信息。在家长鞭长莫及的世界里，女孩们如同脱缰的野马一般尽情释放。对窥淫癖者、恋童癖者和性侵犯者来说，这无疑是满足私欲的最佳平台。在一项调查中，45%的青少年承认，曾有陌生人向自己打探个人信息；还有不到1/3的孩子表示，自己打算跟网友见面；超过1/10的人更是付诸实践，直接跟网友进行面对面的交流。

青春期少女必须谨慎公开私人信息和照片，公布不雅照和隐私造成的不良影响是长期的。通常情况下，此类信息会四处传播，甚至让自己腹背受敌。可以想象，小女孩总会有朝一日成家立业，这种照片只会给她和家人带来难堪和痛苦；更有甚者，还会影响辛苦打拼得来的事业和地位。家长和老师必须向女孩阐明利害，防止事态失去控制，建议家长和老师为孩子提供其他意义深远的途径，帮助她们找到归属感和成就感。除了再三强调社区的重要性之外，我们还鼓励孩子发展业余爱好，通过其他方式挥洒热情。

调查表明，很多未成年少女根本没有意识到，跟老男人在线交流极其危险，而她们坚信这种方式带来的是纯真的友情。

——佩吉·科伦，宣传委员会主席

网站编辑安妮·克里尔认为，"吞世代"和青春期女孩也喜欢下载网上露骨的女性图片，她将这种心态归为4类：帕丽斯·希尔顿式风格（其实是小女孩梦想成为超级偶像）；大家都在做（实乃同伴压力）；自发行为，带冒险色彩的"耍酷"；希望获得他人认可。正如克里尔所说："名人新闻、电视真人秀以及其他媒介再三降低了她们的底线。"

☆ 家长何去何从？

面对此情此景，家长该如何作为，才能保护尚显稚嫩的女儿呢？我们相信，一旦家长认识到网络带来的风险，一定会马上对孩子进行限制。然而，专家的建议是，切勿轻举妄动，以免让局势恶化；保持冷静，与女儿沟通方为上策。"孩子们知道如何应对（网络协议、过滤器等），社交网站鳞次栉比、种类繁多，各个国家几乎都有基站，孩子还可以通过无线热点实现'地下工作'。如果家长反应过激，可能会让事情恶化，将孩子推入更难预料的境地。"安妮·克里尔指出，"更好的办法是，弄清她们注册的社交网站（最好是承担法人责任的网站），然后跟孩子进行沟通，确定上网界限。"

警探弗兰克·丹纳认可这一观点，他强调家长必须充分利用知情权。先弄清女儿是否注册了MySpace或Facebook网站，然后进行访问。

"何谓'家长'？家长就要对孩子的兴趣、安全、名声负责，当然包括网络生活，"丹纳解释道，"无论喜欢与否，孩子都会离不开网络。她们在网上如何作为，其实跟父母的管束有关，关键在于理解和关注。如果孩子真心觉得对自己有利，自然会甘心被'规则'牵着鼻子走。"

并非所有的女孩都会在网上做出傻事，很多人只是和朋友消遣时光。安妮·克里尔认为，只有那些泥足深陷的女孩才会觉得自己进退两难。"有的人逃之夭夭，有的人勇于冒险，有的孩子则成长在充满冲突或感情破碎的家庭，还有的人就是所谓的惹事精。新科技在带来更多便利与选择的同时，也扩大了风险的范围，但这并非新的风险。"

在新科技的带动下，一切都在快速变化，各种信息不断涌现。近期的一项调查表明，让女孩处于弱势地位的并非被公之于众的个人信息，而是一些不雅行为，比如充满性暗示意味的对话。另一项研究则发现，大多数网上性虐待都出自"熟人"之手，现实也是如此。女孩们要了解这点，除此之外，在遭遇令人不适的场景或行为时要保护自己、善于听取他人建议。错误在所难免，家长需要用坦诚的方式鼓励女儿直面缺点，让孩子充分了解上网可能带来的风险，在必要时可以寻求专业帮助。

女孩眼中的"立业"

时代变迁，如今的女孩拥有更多选择和机会。对她们来说，事业，或称之为工作，并非遥不可及。事实上，很多人就利用课余时间打工，享受独立工作的乐趣，并为自己赚取零花钱。正如佩塔（16岁）所说："我从15岁开始打工，从来没觉得胆怯过，与人协作给我带来成就感。"对少女们而言，做什么工作并不重要，发挥能力才是关键。卡莉（16岁）坦言："现在，工作只是谋取零花钱的手段。"

当少女审视职场女性时，很多人关注的只是职业前景，甚至有人觉得职业女性的生活孤单、枯燥又无聊。基拉（17岁）表示："朝九晚五的生活让她们失去了生活的乐趣。"而16岁的卡莉也有同感："即使外出，大部分人也是选择去酒吧喝酒。年轻女性选择这种生活方式，让我觉得她们错失了生活的真谛，与快乐擦肩而过。"

我不想把时间都花在工作上，这就是为什么我将选择成为一名教师，教师这个职业会让我有更多时间跟我的孩子和丈夫在一起。我的丈夫和孩子，他们都能得到我的爱，我们能在一起分享在一起的时光。

——基拉，17岁

然而，当她们看到明星大腕时，这种想法戛然而止。在名人身上，女孩们看到的是娇艳的面容、成功的荣耀、尽情挥霍以及随心所欲的行

为。而这一切，正是她们心目中的成功女性形象。

☆ 我能行吗？

在跟我聊天的女孩中，几乎人人都对未来有所期待，但也几乎无一例外地对"期望"本身紧张不安。阿兰娜（18岁）说："有的时候，我都不敢想象未来，未知让人恐惧，不知该何去何从。"如今，工作机会大大增加，但不少女性仍对失败感到惶恐。"以后每天都要工作，这点让我很惶恐，我还没有准备好。"卡莉（16岁）如是说。15岁的艾希莉也有同感："步入职场势在必行，但我还没有开始做规划。这件事太恐怖了，我都不敢想。一步走错，后悔都来不及。"

☆ 我有我的节奏

随着谈话逐渐深入，女孩们对未来的渴望也逐渐明晰——她们并不想在工作的洪流里迷失自我。卡莉（16岁）坦言："当工作成为生活的重心，这种人生无疑是个悲剧。在我看来，那些昼夜打拼的女强人真是得不偿失，生命中值得去做的事情还有很多。"

工作也会给人带来动力，尤其当你为"理想自我"打拼时。并非所有人都能实现自我，但这并不妨碍我去努力。

——艾希莉，15岁

对于工作方式，女孩们也莫衷一是、各抒己见。"我们会尽量放缓节奏，多点轻松氛围。"基拉（17岁）表示。莎拉（17岁）非常同意："保持原生态生活，走好每一小步，才不会错失后面的千万步。从根本上处理问题，避免让问题扩大化。"尽管莎拉非常渴望进入职场，但她也有自己的底线："我喜欢工作，但并不代表我会把工作带回家。"

如今，女孩们对生活的认识更为全面，她们开始将工作、旅行、成家生子和学习纳入话题范围。"工作也得保持平衡，要给孩子和其他事情留出时间，这点很重要。"惠特尼（18岁）如是说。此外，在女孩们的日程表里，兴趣爱好占据了相当高的地位。"我不希望未来的工作过于劳累，只想做点喜欢的事情。"桑迪（14岁）承认。15岁的伊薇也有同感，"我想成为室内设计师，所以从现在开始关注，我觉得我们都得为自己的爱好而努力。"

当你看到30岁的女性有所作为时，你也会畅想自己的未来。但她们在很大程度上错过了很多，比如旅行的机会和随性地生活。

——卡莉，16岁

☆ 我想……成为人上人

尽管有些担忧，很多女孩仍渴望站在职场顶端、渴望地位带来的权力。密西（15岁）表示："我想进入那些有名望的大公司工作，有可能的话，也会考虑自己创业。我将以此为目标奋斗到底，不成功不罢休。我知道，金钱不会给人带来快乐，但一旦站在那个位置上，我就能做自己想做的一切，不用依赖任何人。"

"我赞同女性当权，"莎拉（18岁）表示，"那种指挥别人的感觉很棒，进入职场让女性获得权力，职场女性运筹帷幄、魅力非凡，她们在城市里如鱼得水，掌控着自己的生活，与世界动态紧密连接。"惠特尼（18岁）也有同感："我喜欢有雄心大志的职场女性，棒极了。世界上有那么多著名的成功女性，非常励志。"

令人振奋的是，女孩们还将朝着那些颇具挑战的工作行进。为了配

合并鼓励姑娘们，家长和老师必须同孩子携手共进，确保她们了解"成功"一词的正确含义：真正的成功并不限于天赋、爱好和薪水；真正的成功需要良好的判断力、灵活性、公平公正、领导能力、无私精神以及坚定的信念。在我们焦急地为女孩们披上战衣时，绝不能忽视这些至关重要的品质和技能，而这些正是塑造情商的利器，让孩子们在变化多端的世界里肆意奔腾。

☆ 不想与妈妈一样

少女们的职业理想有时会受到长辈的影响，这种现象很值得关注。莎拉（15岁）的母亲是一名全职太太，她觉得妈妈并没有对自己的生活起到实质性帮助。"我有雄心大志，想尽己所能去实现，"莎拉说道，"生命只有一次，我想独立自主，自己挣钱，绝不会为了金钱而结婚。"莎拉的选择，从某种程度上说也是对母亲的生活方式的一种不认可。"我的妈妈喜欢与大自然接触，有点不食人间烟火的意思，她的朋友圈就像另一个世界的人，她们努力改变却毫无效果。而职业女性无法超凡脱俗，但却有能力改变现实。"

丹妮（18岁）非常喜爱音乐，但这并不妨碍她追求职场生活。"我想参加管弦乐队，更渴望成为女企业家，"她解释道，"我的生活极富艺术性，但拥有自由的同时也充斥着不稳定性。我的老师也是演奏家，但演出机会不多，这种时候如何挣钱养活自己呢？职场生活会给我带来稳定收入，让我生活稳定。"15岁的伊薇则非常倾慕职业女性身着正装的靓影，"她们看起来聪明冷静，这就是我想要的。"

无论身份背景，无论挑战难易，最让我动容的还是女孩们融入世界、实现自我的决心。她们勇往直前，也理应由于这种勇气而受到尊敬；尽管心生畏惧，但仍会选择昂首向前。当然，她们也会进行权衡，在拥抱工作的同时享受空闲、旅行和社交。

与此同时，作为后援军的家长也应当重新定义对孩子的支持方式，定义成功的真正意义。无论她们做出何种选择，我们都要鼓励其尽力做好。我们还要密切注意孩子的天赋和能力，让她们愉快满足地生活。

当我们尊重家庭妇女如同尊重高级经理一样时，当我们崇敬教师和护士的辛勤工作如同崇敬董事会成员时，才能迎来真正的平等与解放。生命会随着时间推移而变化，工作也是如此。并非所有人都能即刻找到适合自己的工作，很多女孩都在几个工作之间轮换。在获得支持之外，女孩们仍需熟练掌握必备的生活技能，如此才能一路向前，用更为灵活的方式面对未来。

憧憬婚姻的女孩们

　　婚礼翩然而至、新婚杂志炙手可热，婚礼策划师更是脚不沾地地为准新娘全力打造完美婚礼。毋庸置疑，每个年轻女孩都渴望结婚，即使是尚未成年的孩子也不例外。"婚姻意味着在你伤心时有人安慰，在你孤单时有人去爱。"梅勒妮（10岁）如是说。对青春期少女而言，婚姻的吸引力并不仅限于罗曼蒂克式的爱情或是婚礼日。"我知道，婚姻并不全是幸福和美满，但你一定得充满希望。"乔伊（16岁）说道。

☆ 与生理年龄的抗争

　　在耳濡目染大龄孕妇的艰难和不便后，很多女孩表示想在25~29岁结婚，她们认为早点成家更有益处。基拉（17岁）表示："这代人结婚生子特别晚，甚至晚到生育能力响起警钟之时。"

　　对其他女孩来说，成家与生子密不可分。"我想在30岁之前生孩子，这对我而言是一种成功，"惠特尼（18岁）说道，"我的愿望是成为时尚潮妈。"

我想在27岁左右结婚，希望到时候能环游世界。

——伊薇，15岁

　　对18岁的莎拉来说，亲子之间的代沟问题不可小觑。"妈妈生育我和哥哥都比较晚，后来，妈妈有些后悔过晚生育了我们，这也在某种程度上影响了我们之间的关系。时代已经改变了，我想早点结婚生孩子。当然，妈妈年事已高，无法帮我看孩子，这也是个问题。"

☆ 渴望被爱

与我交谈过的很多女孩都表示，婚姻的目的更多的是寻找一个能给你温暖，在乎你的人，而不是仅仅找个男人。很明显，她们渴望拥有专属于她们的、可以依靠的关爱空间。她们将婚姻视作从严酷现实逃离后的温暖港湾。很多女孩认为，婚姻在某种意义上也是一种义务，而结婚典礼正是履行承诺的重要仪式。"（像是）两人之间的纽带，或者说是仪式，庆祝拥有彼此。"莎拉（18岁）表示。

我想在25岁前结婚，然后就生孩子。对我而言，结婚就意味着被爱。

——卡莉，16岁

我发现一个很有趣的现象：无论家庭是否圆满，无论是否来自单亲抑或重组家庭，在谈到婚姻时，女孩们普遍身体放松、面容柔美。在描述理想中的家庭时，她们常常用胳膊在空中画圈。这并非是小女孩的幼稚之举，她们知道婚姻不是"过家家"，而是要尽最大努力经营好。

女孩天性渴望婚姻和家庭，她们希望能建立良好丰富的成人间关系，这种关系甚至比其他关系更有意义。"我的家庭还算圆满，但社会的离婚率整体居高不下，"卡莉（16岁）表示，"我可不想加入其中，或许早点成家会比较好。"对14岁的桑迪而言，婚姻的重要性就在于"你可以全身心地依赖这个人。"桑迪的父母早已选择离婚。

在其他人都不需要你的时候，还有这么一个人在家里等待你。

——艾希莉，15岁

☆ 想找个在乎我的人

就在我们深入讨论这个话题时，很多女孩坦言，渴望婚姻的原因之一是大多数家长无法尽心尽力地关心子女。女孩们表示一定要营造一个充满爱的空间，"在其他人都不需要你的时候，还有这么一个人在家里等待你。"艾希莉（15岁）如是说。在少女们的眼中，成人生活繁忙劳碌、充满压力，"我觉得人们过于重视事业，从而忽略了人性中的爱，也无暇寻爱。疲于奔命却忘了自己到底是在为了什么而工作。"基拉（17岁）表示。

我不想要世间最完美的伴侣，我只想要我认为最完美的伴侣，但没有人是完美的。毕竟，没有人能比得过芭比和肯（情侣玩偶）。

——桑迪，14岁

☆ 早婚与离婚

市场顾问莉斯·尼克尔斯预测，青少年结婚（有的国家允许16岁结婚）人数将持续增长，家庭将不断扩大。当然，这并不意味着女孩们会放弃工作的机会，"家庭第一"仍是她们秉持的原则。"对这些年轻女性来说，"莉斯解释道，"家庭将是重心。"毫无疑问，人际关系对青春期女孩的影响很大，在破碎家庭中成长的孩子更加重视家庭关系。对她们而言，健康的婚姻关系象征着正确的人生轨迹。

"婚姻并不只是一纸证书，"惠特尼（18岁）指出，"我很希望家庭成员之间能联系亲密。从实际上说，跟某个人牵手的意义其实远远超过了婚礼本身。我也不希望斥重资打造盛大婚礼，只要在海滩或是某个地方简单举办就行。"

许多来自破碎家庭的女孩表示，自己的父母并未用心经营婚姻，很多孩子甚至认为离婚对爸妈来说就是最好的选择。一些少女在父母还未真正离婚时，就已然习惯单亲，甚至组合家庭，她们热切地希望自己不要重蹈覆辙。

婚姻就是携手共进，就是不再孤单，就是不再被忽略，就像是有个可以诉说的好朋友，要知道，交流非常重要。结婚意味着跟某个人在一起，而这个人爱你、懂你、认可你，并尊重你。

——阿兰娜，18岁

17岁的基拉回顾父母的往事时表示，自己以后绝不要重蹈覆辙，"大多数父母在离婚时感到解脱，但留给子女的却是悲伤，单亲父母则需要扮演父亲母亲两种角色，才能让孩子健康长大。我就成长于这种家庭。我想，双亲家庭成长的孩子肯定跟我的价值观不太一样，或许更爱自己的家庭。"

☆ 稳定的婚姻

对这些女孩而言，稳定的家庭关系至关重要。"我想有个稳定的婚姻，然后生几个孩子，"乔伊（16岁）表示，"单身贵族可不是我的追求，家人环绕才是目标——生活稳定，然后生儿育女，再看着他们长大成人。"佩塔（16岁）认为婚姻就是人们赖以依靠的港湾。

我们赖以生存的是一个科技发达、物质拜金的世界，但亲情关系仍为女孩们所深深眷恋，"贴心""令人愉快""美好"等词被用来形容家庭关系。"我的祖父母非常爱我，他们也非常相爱，"基拉（17岁）

表示，"他们年轻的时候很穷，但这并不影响彼此相爱，婚姻需要用心经营，他们就是我的楷模。"

对美满婚姻的渴望，能够帮助女孩在生活教育、社区和家庭经历中塑造良好的人际关系。夫妻关系固然重要，但女性需要的并不仅仅是一个经过法律认证的配偶，而是一个能够提供关爱、温暖和归属感的同伴。如此，她们才能实现更多绚烂美丽的梦想。

渴望拥有自己的宝宝

正如上文所述，大多数女孩都曾幻想过自己的婚礼，但一切终将归于平淡，结婚生子只是人生道路上最平常的风景，女孩们对此早有想法。"我爱小孩，"瓦内萨（9岁）表示，"他们好玩又可爱，是完全属于你自己的宝贝，我喜欢照看他们。"很多女孩都有过照看小不点儿的经历，她们对此充满信心。"我想要孩子，"基拉（17岁）说道，"这种生活让我向往。"当被问及原因时，她表示，"我想要自己的小孩，他们就是我的爱，是我身体的一部分，也是我生命的全部。和老公一起养育孩子是一件很有爱的事情。"

很多女性晚婚晚育，结果和孩子很难沟通，产生代沟。

——惠特尼，18岁

"我爱小孩，结婚后要生很多。"佩塔（16岁）表示。但她不知道自己能否如愿：是否能辞掉工作，专心在家照顾孩子；或是仍得回去工作。"我不知道，或许我会待在家里，但希望不大。"如果能选择，她当然更倾向于在家做全职妈妈。对18岁的莎拉来说，"这意味着责任，看着孩子长大本身就是种回报。他们每天都在成长，每个孩子都是不同的个体。"

我爱这些小不点儿，他们能跟着我，一同玩耍。

——梅勒妮，10岁

有时，在女孩们的言谈之间，我却体会出了一种悲伤的情绪。"孩子永远不会抛弃你，"桑迪（14岁）表示，"无论怎样，你都会全心全意地爱他。"对很多女孩而言，生儿育女的过程也是在追寻自己的童年时光，阿兰娜（18岁）亦有同感，"我爱孩子，也曾照顾过小孩，在做这些时感觉自己都变得年轻。不知怎的就有些伤感，我想，养育孩子能让我重新感受童年时光。"

☆ 漂亮妈咪

为什么新兴一代在生儿育女一事上如此热忱？原因有很多：随着生活方式的改变和家居用品店的兴起，成为"家政女皇"前景诱人。此外，无论结婚与否，名人大多拥有孩子，女孩们都想成为时尚妈咪，一些时尚辣妈甚至获得了前所未有的成功。受此影响，女孩们将成为时尚辣妈作为人生目标，甚至以此为傲。

这些女性使生孩子成为潮流，"想不想成为酷妈？当然！我姐姐只有30岁，但已经是两个孩子的母亲了。尽管你想保持独立，但这并不与拥有小孩冲突，毕竟你还很年轻。"15岁的密西说道。

女孩们突然将目光集中在"小孩"身上，可能会产生意料之外的副作用。一名在低收入地区工作的辅导员指出，对那些小时候被疏于照顾的女孩来说，生儿育女往往是她们对自己进行弥补的方式。"但她们想要孩子的愿望完全不切实际。"贫困地区的女孩对孩子一事听天由命，或早或晚没有太大区别。

对部分新兴一代而言，兴冲冲地升级成"人母"后，仿佛回到了原点——她们重新回到婴幼儿精品店，从价格昂贵的衣服到饰品，从令人咂舌的手推车到纯手工婴儿鞋，婴幼儿用品可谓是买之不尽、用之不竭。

☆ 性感妈咪

如今，妈妈们不再对性感避而远之，反而将该词表现得淋漓尽致，远非以往的任何一代能与之媲美。年轻女性总是将精力投注在追求魔鬼身材、漂亮孩子、完美老公和成功事业上，生儿育女并不会让她们的时尚和魅力有丝毫折损，诸如"性感妈妈""潮妈"之类的称呼更是层出不穷。

在这个"形象就是一切"的社会里，成为"潮妈"可真不容易。正如人气主持艾丽卡·埃姆——她同时是时尚妈咪俱乐部的创始人——所说，"真正的潮妈必须在形象、职业、称职妻子和母亲身份之间保持平衡，但真正要做到几乎是天方夜谭。"她承认，这点使得潮妈一族"筋疲力尽、困惑不安"。

当然，这毕竟是少数人，大多数女孩选择结婚生子的原因非常实际，她们只是想要被爱和爱人的机会，在养育孩子的过程中感受快乐。孩子在她们的心目中至关重要，值得她们尽心尽力地照顾，尽管有时也要以失去工作为代价。

孩子就是明天的太阳，女性大多对生育下一代充满渴望，这也值得引起我们的关注。物质上的满足不足以让生活充满快乐，也不足以维系生活。这一代女孩所拥有的，远远超出以往的任何一代，但她们仍有更远的未来亟待实现。作为成人的我们，如果能帮助孩子处理好身边的复杂关系，对我们自己而言又何尝不是一种成功呢？

我们应该为女孩们做些什么？

短短几年内，我们的女孩子就被暴露在商业市场的探照灯下——不只是十几岁的少女，小女孩和婴幼儿也难逃魔爪。如果我们还保有一丝清醒，如果我们不想孩子人生中脱口而出的第一个词是某品牌名称，如果我们不想孩子把产品和广告作为仅有的消遣，那么我们必须对蠢蠢欲动的广告商和营销者说"不"。

首先要明确的一点是，我们的女孩还只是孩子，不是消费者，她们应该拥有纯真的童年时光。为此，父母必须非常谨慎地对待那些被引入孩子生活的事物。否则，就是在加速孩子的早熟，促使女孩们对外表过度关注，同时剥夺了孩子的想象力，以及产生其他不利影响。

时光易逝，童年正如白驹过隙，除了扮酷和性感之外，童年还有更多值得经历的事情。学龄前儿童在能读会写之前先沉迷于购物，结果造成大批儿童心情焦虑，甚至引发抑郁症、饮食失调和其他病症。

是时候做出反击，为孩子提供其真正需要的东西了。有专家指出，小女婴从一出生就会产生自发意识，会自己玩耍，会渴望食物，能同大人沟通交流，还能感知周围世界。但当她们将目光放在电视或电脑屏幕上时，这些宝贵的童年经验自会烟消云散。

小女孩一天天成长，流行文化在她们身上施加的影响与日俱增，她们渴望身材苗条、光芒万丈、受人欢迎，并把这些当作少女时期的全部内容。在一项针对5~8岁小女孩的调查中，超过1/4的5岁女孩希望自己再瘦点。等到这些女孩七八岁的时候，她们会明显地受到十几岁女孩的影响，而跟我对话的这些年长的少女则普遍对小女孩"缺失童年"表示关注。如果家长们不想自家女儿受到一些不好的影响，那么就不应不闻不问、听之任之，而应该站出来给出清晰明确的意见和指导。

无论我们的女孩表现得多么自信或是有主见，从本质上而言，她们仍旧年轻而稚嫩。家长对电视节目、网络动态和娱乐消费的看法会在很大程度上影响孩子。孩子需要从父母身上获得的，无疑是养育、保护、关注和指引，这就意味着家长必须重新审视自己在孩子生命中扮演的角色，真正担负起"园丁"的职责，在不触及底线的基础上认真呵护这些娇嫩的花朵。

一些国家全面禁止针对12岁以下儿童的电视广告，这是我们应当加以推崇并学习的做法。与此同时，家长也应当对孩子看电视、玩电脑或是逛商场进行限制，将在这些活动上花费的时间降至最低；抵制商品目录和其他商业行为入侵，将广告给孩子带来的影响最小化。除此之外，学校也应当加强对孩子媒体素养的培养，这些都是保护孩子的行之有效的途径。

与以往相比，小团体、药物滥用和酗酒问题在新兴一代身上尤为突出。尽管大多数少女仍然"洁身自好"，但问题少女的数量仍在不断增加，不知节制地喝酒嗑药，甚至发生未成年性行为等，导致一系列问题随之而来：酒精中毒、被强奸、犯罪，以及患上性传播疾病。当人们不再对这些行为大惊小怪时，伤害和犯罪就席卷而来。

我们必须清醒地看到：未成年少女日渐迷失在名人文化、同伴压力和消费主义的洪流之下。从生活到交友、从业余消遣到人生目标，这些因素已经渗透到孩子生活的方方面面，她们在外表上花的时间越多，认

识自我和周围世界的时间就越少。

如果我们还想让孩子健康成长，就必须让她们发展健康的人际关系。男人最了解彼此，每个父亲都应当肩负起教导女儿的责任，让她对异性（包括男人和男孩）有所了解，帮助女儿做出正确的选择。

我们还要看到，家长和女儿之间的代沟正逐渐扩大，这就意味着以前的很多做法已经不再适用于当前一代，家长必须做到与时俱进，及时更新自己的思想，以便于与女儿进行更好的沟通。在这个色情泛滥的世界里，许多家长仍旧羞于开口，不愿跟女儿探讨"两性"话题。

此外，我们还需扩大性教育范畴，提供必备的材料，为孩子答疑解惑。未成年少女更喜欢与年龄相近的人交流，因此可以考虑让年轻、专业又灵活的专家进行这项工作。

新科技日益涌现，女孩们在这个高科技、快节奏的世界里如鱼得水，但与此同时，家长发现自己越来越孤立无援。为了更好地帮助女儿，家长必须改变自己，跟上变化的步伐，掌握包括上网在内的一些技术。时代不会给任何人留下考虑的机会，善用媒介是新兴一代的第二天性，家长如能掌握日常科技，自然能增加对青少年世界的了解。

另一方面，我们要重视归属感在孩子心中的地位。如果家庭和社区无法让孩子产生归属感，孩子就很可能投入同伴和流行文化的怀抱，例如花费时间和精力在网上聊天、发短信或是社交上。虽然彼此之间人际交流必不可少，但单一的交流方式很难让人真正从中获益。

研究发现，与当代女孩不同的是，以往的少女具有更强烈的外向型自我意识，在成长中更倾向于参与家庭和社区活动，关注的角度更为广泛。反观新兴一代，大都关注个人世界，更倾向于获取而不是付出，认为家长应当更多地关注自己。"除了家人，再没有人需要我。"一个女孩如是说。由此可见，家长必须借助社区和集体的力量，才能更好地培养和鼓励当前一代。

随着时代发展，女孩们面前的机会越来越多，身上背负的期望亦有增无减。父母不应将自己的观点强加于孩子，尤其是那些偏激或不妥的观点。正如一名姑娘所说："如果你成为医生，又嫁给医生，然后有座大房子，开着小汽车，生一堆孩子，还请得起保姆，你才能说自己的确干得不错。"除了这些父母施加的压力，还有那些更实际的压力，如减肥、美貌和受欢迎。我们试图为孩子创造出更多机会和财富，但却忽视了一点：只有当姑娘们有能力做出正确选择，而不是被广告商忽悠时，这些机会才有价值。

作为成人的我们，一直将注意力放在为孩子提供充足的物质财富上。尽管物质需求非常重要而且值得追求，但永远无法代替更深层次的需求，这种深层次的需求才是文明社会的中流砥柱。如果我们无法为孩子创造这种条件，实则是在剥夺她们人性中最为核心的一部分。我想，这也是为什么如此多的女孩渴望早婚早育，因为婚育能给她们提供归属感和温暖。

如今，女孩们想要更多属于自己的时间，想要旅游、想要发展人际关系。但这并不意味着她们对面前出现的机会熟视无睹，喜爱自由并不会妨碍她们追求新生活的脚步。

每一代的新新人类都会面临特有的挑战，但挑战之后蕴藏的却是宝贵的人生财富和机会。我们的责任就是，帮助孩子抓住机遇、树立自信心，找出问题的根源，让梦想成为现实。

致　谢

　　本书之所以能面世，不单单是我个人努力的结果，而是经历了一个艰辛的过程。此间，我得到了极大的支持，在这些支持之下，我才得以完成本书。衷心感谢所有帮助过我的女孩子们，是她们敞开心扉，讲述自己的生活。感谢我的家人和朋友，是他们一直坚定不移地支持着我。

　　我要特别感谢儿童和青少年健康领域的专家、教师、儿童心理专家、心理咨询师、执法人员和医务人员，他们为我提供了宝贵而无私的帮助。

　　感谢睿智的出版人朱莉·吉布斯，感谢极具洞察力的总编辑英格丽·奥尔森，感谢宣传员谢莉·麦卡格、设计员艾莉森和编辑乔斯林·亨格福特，感谢出版社全体团队，感谢丹·鲁芬诺、莎莉·贝特曼、安妮·里根、佩格·麦克尔和安吉拉的杰出工作。

　　我还要将我的爱和感谢送给我的丈夫德里克，感谢他的信任和支持。此外，我要全身心地感谢上帝赋予我的精神，正是这种精神，不断激励我去审视生命，面对生活，期待未来。

　　（相关信息请参见作者的个人网站www.maggiehamilton.org）

参考书目

● 阿德勒，帕特丽夏，彼得·阿德勒，《同伴压力：青春期前的文化与认知》，新不伦瑞克：罗格斯大学出版社（1998）

● 阿普特，泰瑞，《成长的秘密：家长能教给孩子什么》，纽约：W.W. NORTON AND CO（2001）

● 埃克斯利，理查德，《心满意足：道德、意义与快乐》，墨尔本：Text Publishing（2004）

● 埃特考夫，南茜，《美者生存：美之奥义》，纽约：兰登书屋（2000）

● 巴顿，林恩 E.，《浪漫风险：青少年为何如此行事》，纽约：Basic Books（1998）

● 怀斯曼，罗莎琳德，《女王蜂与跟屁虫：青春期女孩生存指南》，伦敦：Piatkus（2002）

● 卡塞尔，蒂姆及凯那·艾伦，《心理学与消费者文化：为了物质世界里的幸福生活而斗争》，华盛顿：美国心理协会出版社（2003）

● 卡西迪，凯罗尔，乔伊斯·乔治，艾琳娜·桑德勒，《美国玫瑰：少女故事、少女话语》，TVBOOKS（1999）

● 凯尔·格雷格，迈克尔，《公主症：青春期少女的生存指南》，墨尔本：企鹅出版社（2006）

● 凯尔西，坎蒂丝，《青少年的秘密生活：MySpace时代的家庭教育》，纽约：Marlowe & Company（2007）

● 克罗斯，盖里，《儿童私房话：玩具与不断变化的美国童年》，剑桥：哈佛大学出版社（1997）

● 库克，凯兹，《女孩私房话：青春期全效指南》，墨尔本：企鹅出版社（2007）

● 库珀，罗比等，《密友：神使及创造者》，伦敦：Chris Boot（2007）

● 夸特，艾丽萨，《名牌：青少年的买与卖》，纽约：Basic Books（2003）

● 勒夫，理查德，《丛林里的最后一个孩子》，纽约：Algonquin Books（2005）

● 乐维，艾莉儿，《大女子主义：女性与低俗文化的兴起》，纽约：自由出版社（2005）

● 里奇，凯伦，《向X一代营销》，纽约：Lexington Books（1995）

● 马丁林·斯特龙，帕特里克·希博德，《名牌儿童：洞察当代儿童的内心及其与名牌的关系》，伦敦：Kogan Page（2003）

● 迈克尔等，《重获新生：官方指南》，新泽西：John Wiley & Sons（2007）

● 皮尔森，帕特丽夏，《坏女孩：暴力女性与纯真神话》，纽约：维京出版社（1997）

● 斯奈德曼，南茜，斯特里普·佩格，《镜中女孩：母女的青春期》，纽约：Hyperion（2002）

● 索尔斯，琼，《澳大利亚青少年的性生活》，悉尼：兰登书屋（2007）

● 苏珊·格里高利·托马斯，《宝宝买买买：市场营销对0~3岁幼儿的致命影响》，波士顿：米夫林出版社（2007）

● 温纳，杰西卡，《胖胖如我》，纽约：西蒙-舒斯特出版集团

（2006）

● 西格尔，大卫等，《儿童购买机器：如何切分儿童市场这块蛋糕》，纽约：迪尔伯恩出版社（2001）

● 西蒙斯，雷切儿，《怪女孩出列：女孩身上的文化隐语》，奥兰多：哈考特出版社（2002）

● 西蒙斯，雷切儿，《怪女孩的妖言惑众：小团体、人气与嫉妒》，奥兰多：哈考特出版社（2004）

● 亚当斯，杰拉尔德等，《青春期必读》，牛津：布莱克威尔出版公司（2000）

好书热荐

对待女儿，母亲细致周到的照顾纵然无可替代，但是父亲的爱和教育更加高远开阔、沉稳深刻、坚定不移，父爱不仅带给女儿快乐，更多的是对女儿情商、人生观、爱情观的深远影响。

父亲影响着女儿一生的各个方面，让女儿明白：女人应该如何被对待，男人该如何向女人表达健康的爱和情感。最重要的是，父亲树立了一个男人呵护女人的标准。很明显，这是一项艰巨的任务。

里克·约翰逊阐述了父亲该如何与自己的女儿建立起彼此都渴望的亲密关系，帮助女儿健康成长、获得内心的幸福和满足。作者用坦率、睿智、平和的语言传递着知识、经验和道理，还有一语中的的心理剖析，智慧和幽默浮现于文字间。

忙着挣钱的父亲们！你们给女儿真正的财富不是金钱，而是当她面对这个世界时，内心的力量和信心！

里克·约翰逊 美国"好父亲"组织的创始人，该组织12年来致力于帮助男性经营好家庭，与妻子、孩子共同成长，成为好男人、好丈夫、好父亲；同时也是美国和加拿大许多大型子女教育和婚姻专题会议备受欢迎的演说家。他著有多部畅销书，如《好爸爸，强儿子》《更佳伴侣是怎样炼成的》，等等。